**¡El N.º 1 recomendado por los profesores!**

# GRADOS EN TRANSICIÓN
## 7º a 8º


Carson Dellosa Education
Greensboro, North Carolina

Summer Bridge®
An imprint of Carson Dellosa Education
PO Box 35665
Greensboro, NC 27425 USA



ISBN 978-1-4838-6534-8

01-046221151

# Índice

# Cómo aprovechar al máximo las *Summer Bridge Activities®* para Hispanohablantes

Este libro ayudará a tu hijo a repasar los conocimientos aprendidos en séptimo grado y a anticiparse a las habilidades requeridas para octavo grado. En su interior encontrarás muchos recursos que animarán a tu hijo a practicar, aprender y crecer mientras se adelanta al nuevo año escolar.

## Solo 15 minutos al día

**... es todo lo que se necesita para mantenerse en forma con las actividades de aprendizaje de cada día de la semana ¡durante todo el verano!**

### Organización mes por mes

Tres secciones codificadas por colores corresponden a los tres meses de vacaciones de verano. Cada mes comienza con una actividad de establecimiento de objetivos y una actividad de refuerzo de vocabulario. También encontrarás una introducción a la sección de acondicionamiento físico y de desarrollo del carácter.

### Actividades diarias

Proporcionamos dos páginas de actividades para cada día de la semana. Completarlas toma unos 15 minutos. Las actividades le ayudarán a tu hijo a practicar estas habilidades y otras más:

- Uso de la gramática

- Escritura

- Comprensión lectora

- Vocabulario

- Ecuaciones algebráicas

- Trabajar con exponentes

- Geometría

- Probabilidad y estadística

# Muchas características adicionales
## ... ¡se adaptan a las necesidades e intereses de tus hijos!

### Actividades adicionales

Las actividades de estudios sociales exploran lugares, mapas y mucho más; son el complemento perfecto para los viajes de verano. Los experimentos científicos invitan a tu hijo a interactuar con el mundo y a desarrollar el pensamiento crítico.

### ¡Vamos afuera!

Una colección de divertidas ideas para observar, explorar y aprender al aire libre e ideas de juegos para cada mes del verano.

### Características especiales

**ACONDICIONAMIENTO FÍSICO:** Ejercicios rápidos para desarrollar la fuerza, la flexibilidad y la aptitud física.

**PRUEBA DE CARÁCTER:** Ideas para desarrollar la amabilidad, la honestidad, la tolerancia y más.

**DATO:** Datos curiosos.

### Tarjetas de desarrollo de habilidades

Recorta las tarjetas que están en la parte posterior del libro. Guárdalas en una bolsa con cremallera o haz un agujero en cada una de ellas y ensártalas en una anilla. Lleva las tarjetas contigo para practicar sobre la marcha.

### Certificado de finalización

Al final del verano, completa y presenta el certificado que aparece al final del libro. Felicita a tu hijo por haberse preparado para el siguiente año escolar.

# Matriz de habilidades

| Día | Álgebra y proporciones | Desarrollo del carácter | Pensamiento crítico | Análisis de datos y probabilidades | Fracciones decimales y porcentajes | Acondicionamiento físico | Geometría y medidas | Gramática | Lengua y literatura | Términos literarios | Multiplicación y división | Partes de la oración | Resolución de problemas | Comprensión lectora | Ciencia | Estudios sociales | Vocabulario | Escritura |
|---|---|---|---|---|---|---|---|---|---|---|---|---|---|---|---|---|---|---|
| 1 |  |  |  |  |  |  | ★ | ★ |  |  |  |  |  | ★ |  | ★ |  |  |
| 2 |  |  |  |  |  |  | ★ |  | ★ |  |  |  |  | ★ |  |  | ★ |  |
| 3 | ★ |  |  |  |  |  |  |  |  |  |  |  |  | ★ |  |  | ★ |  |
| 4 | ★ |  |  |  |  |  |  |  |  |  |  |  |  |  |  |  | ★ | ★ |
| 5 |  |  |  | ★ |  | ★ | ★ |  |  |  |  |  |  |  |  |  | ★ |  |
| 6 |  |  |  | ★ |  |  |  | ★ |  |  |  |  |  | ★ |  |  |  |  |
| 7 |  |  | ★ |  |  |  | ★ | ★ |  |  |  |  |  |  |  |  | ★ |  |
| 8 |  |  |  | ★ |  |  |  | ★ |  | ★ |  |  |  |  |  |  |  |  |
| 9 |  |  |  | ★ |  |  |  | ★ |  |  |  |  |  | ★ |  |  |  |  |
| 10 |  | ★ |  | ★ |  |  |  | ★ |  |  |  |  |  |  |  |  | ★ |  |
| 11 |  |  |  |  |  |  | ★ |  | ★ | ★ |  |  |  |  |  | ★ |  |  |
| 12 |  |  |  |  |  |  |  |  |  |  | ★ | ★ |  |  |  |  |  | ★ |
| 13 | ★ |  |  |  |  |  | ★ |  | ★ |  |  |  |  |  |  |  |  |  |
| 14 | ★ |  |  |  |  |  |  |  |  |  |  |  | ★ |  | ★ |  |  | ★ |
| 15 | ★ |  |  |  | ★ |  |  |  |  | ★ |  |  |  | ★ |  |  |  |  |
| 16 |  |  |  |  |  |  |  |  |  |  |  |  | ★ | ★ |  | ★ |  |  |
| 17 |  |  |  |  | ★ |  | ★ |  |  | ★ |  |  |  |  |  | ★ |  |  |
| 18 | ★ |  |  |  |  |  | ★ | ★ |  |  |  |  |  |  | ★ |  |  |  |
| 19 |  |  |  |  |  |  |  |  |  |  | ★ | ★ |  | ★ |  |  |  |  |
| 20 |  |  |  |  |  | ★ | ★ |  |  |  |  |  | ★ |  |  |  |  | ★ |

**¡PÁGINAS ADICIONALES!**

| Día | Álgebra y proporciones | Desarrollo del carácter | Pensamiento crítico | Análisis de datos y probabilidades | Fracciones decimales y porcentajes | Acondicionamiento físico | Geometría y medidas | Gramática | Lengua y literatura | Términos literarios | Multiplicación y división | Partes de la oración | Resolución de problemas | Comprensión lectora | Ciencia | Estudios sociales | Vocabulario | Escritura |
|---|---|---|---|---|---|---|---|---|---|---|---|---|---|---|---|---|---|---|
| — |  |  | ★ |  |  |  |  |  |  |  |  |  |  |  | ★ | ★ |  | ★ |
| 1 | ★ |  |  |  |  |  | ★ |  |  |  |  |  | ★ |  |  |  | ★ |  |
| 2 | ★ |  |  |  |  |  |  |  |  |  | ★ |  | ★ |  |  |  |  |  |
| 3 | ★ |  |  |  |  |  |  |  |  |  |  |  |  |  |  |  | ★ |  |
| 4 |  |  | ★ |  |  |  | ★ |  |  |  |  |  |  |  |  |  | ★ | ★ |
| 5 |  |  |  | ★ |  |  | ★ |  |  |  |  |  | ★ |  |  |  |  |  |
| 6 |  |  |  |  |  |  | ★ |  | ★ |  |  |  |  |  |  |  | ★ | ★ |
| 7 | ★ |  | ★ | ★ |  |  |  |  |  |  |  |  |  |  |  |  |  |  |
| 8 |  |  |  |  |  |  | ★ |  |  |  |  |  | ★ | ★ |  |  |  |  |
| 9 |  | ★ |  |  | ★ |  |  |  |  |  | ★ |  |  |  |  |  | ★ |  |
| 10 |  |  |  |  |  |  | ★ |  |  |  | ★ |  |  |  | ★ |  | ★ |  |
| 11 | ★ |  |  |  |  |  |  |  |  | ★ |  |  | ★ |  |  |  |  |  |

# Matriz de habilidades

| Día | Álgebra y proporciones | Desarrollo del carácter | Pensamiento crítico | Análisis de datos y probabilidades | Fracciones decimales y porcentajes | Acondicionamiento físico | Geometría y medidas | Gramática | Lengua y literatura | Términos literarios | Multiplicación y división | Partes de la oración | Resolución de problemas | Comprensión lectora | Ciencia | Estudios sociales | Vocabulario | Escritura |
|---|---|---|---|---|---|---|---|---|---|---|---|---|---|---|---|---|---|---|
| 12 | | | | | | | ★ | | | | | ★ | | ★ | | | | |
| 13 | | | | | | ★ | | ★ | | | ★ | | | | | | | ★ |
| 14 | ★ | | | | | | | ★ | | | | | | ★ | | | | |
| 15 | ★ | | | | | | | | | ★ | | ★ | | | ★ | | | |
| 16 | | | | | | | ★ | | | | | | | ★ | | ★ | ★ | |
| 17 | | | | | | | ★ | | | | | ★ | | ★ | | | | |
| 18 | | | | | | | ★ | | | ★ | | ★ | | | ★ | | | |
| 19 | | | | ★ | | | ★ | | ★ | | | | | | | | ★ | |
| 20 | ★ | | | | | | | | | | | ★ | | ★ | | | | |
| ¡PÁGINAS ADICIONALES! | | | | ★ | | | | | ★ | | | | | | ★ | ★ | | ★ |
| 1 | | | | | | | ★ | | ★ | | ★ | | | | | | ★ | |
| 2 | ★ | | | | | | ★ | | | | | | | | | | ★ | ★ |
| 3 | | | | | | | | | | ★ | ★ | | | ★ | | | | |
| 4 | ★ | | | | | ★ | | | ★ | | | | | | | | ★ | |
| 5 | ★ | | | | | | | | ★ | | ★ | | | | ★ | | | |
| 6 | | | | | | | ★ | ★ | | | | | | ★ | | | | |
| 7 | | ★ | | | | | | | | | | | | ★ | | ★ | ★ | |
| 8 | ★ | | | | | | | | | | | | | | | | ★ | ★ |
| 9 | | | | | | | ★ | ★ | | | | | | ★ | | | | |
| 10 | | | | | | | ★ | ★ | | ★ | | | | | ★ | | | |
| 11 | | | | | | | ★ | | | | | | | ★ | | | | ★ |
| 12 | | | | | | | ★ | | | | | | ★ | ★ | | | | |
| 13 | ★ | ★ | | | | | | | ★ | | | | | | ★ | | | |
| 14 | | | | ★ | | | | | | ★ | | | | | | | | |
| 15 | | | | | | | ★ | | | | | | | ★ | | | ★ | |
| 16 | | | | ★ | | | | | ★ | | | | ★ | ★ | | | | |
| 17 | | | | | ★ | | ★ | | ★ | | | | | | | | | ★ |
| 18 | ★ | | | | | | | | ★ | | | | | ★ | | | | |
| 19 | | | | | ★ | | | ★ | ★ | | | | | | | | ★ | |
| 20 | | | ★ | | | | | | ★ | | | | ★ | | | ★ | | |
| ¡PÁGINAS ADICIONALES! | | | | ★ | ★ | | | | | | | | | | ★ | ★ | | |

# Lectura de verano para todos

La lectura es la habilidad más importante para el éxito escolar. Los expertos recomiendan que los estudiantes de séptimo y octavo grado lean al menos 30 minutos cada día. Ayuda a tu hijo a elegir varios libros de esta lista según sus intereses (los libros sugeridos están en inglés, pero muchas bibliotecas podrían tener las versiones en español o libros similares). Dile que elija al menos un título de ficción (F) y otro de no ficción (NF). ¡A continuación, vayan a la biblioteca local para comenzar la aventura de lectura!

**Si te gustan los cómics y las novelas gráficas...**
*Nimona*
de Noelle Stevenson (F)
*American Born Chinese*
de Gene Luen Yang (NF)

**Si te gusta la ciencia ficción...**
*The Hitchhiker's Guide to the Galaxy*
de Douglas Adams (F)
*The Giver*
de Lois Lowry (F)

**Si te gusta la historia...**
*Echo*
de Pam Muñoz Ryan (F)
*The Endless Steppe*
de Esther Hautzig (NF)

**Si te gusta el género de misterio...**
*The Art of Secrets*
de James Klise (F)
*Killer Lipstick and Other Spy Gadgets*
de Don Rauf (NF)

**Summer of the Monkeys**
de Wilson Rawls (F)
**All Creatures Great and Small**
de James Herriot (NF)

**Si te gustan los libros de aventuras...**
**Watership Down**
de Richard Adams (F)
**Trapped**
de Marc Aronson (F)

**Si te gustan las biografías...**
**I Am Malala**
de Malala Yousafzai (NF)
**Women in Science: 50 Fearless Pioneers Who Changed the World**
de Rachel Ignotofsky (NF)

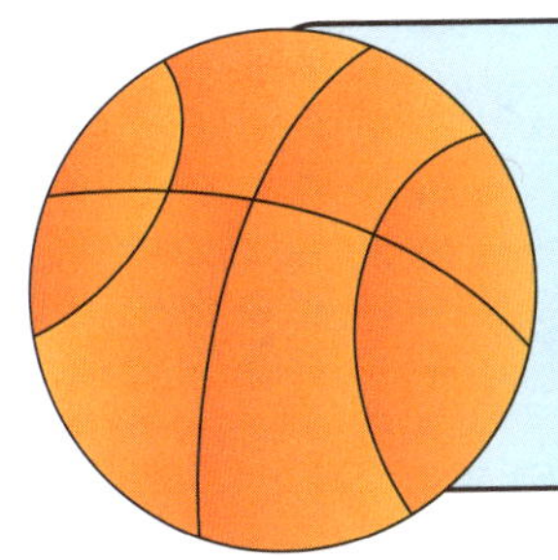

**Si te gustan los deportes...**
**Ghost**
de Jason Reynolds (F)
**I Got This**
de Laurie Hernandez (NF)

**Si te gusta la fantasía...**
**His Dark Materials: The Golden Compass**
de Philip Pullman (F)
**Redwall**
de Brian Jacques (F)

**Si te gusta la ciencia...**
**Vanishing Life: The Mystery of Mass Extinctions**
de Jeff Hecht (NF)
**Bugged: How Insects Changed History**
de Sarah Albee y Robert Leighton (NF)

# ¡El aprendizaje de verano está en todas partes!

Encuentra oportunidades de aprendizaje a donde quiera que vayas, ¡durante todo el verano!

## Lectura

- Averigua si alguna de tus películas favoritas está basada o tiene adaptaciones de libros. Compara los libros con las películas.
- Lee en las noticias tres artículos sobre el mismo tema, pero de distintas fuentes.

## Lengua y literatura

- Trabaja con un amigo para hacer una revista o un boletín sobre algún interés común.
- Practica la escritura en un diario. Experimenta con diferentes estilos de escritura para encontrar el que más te guste.

## Matemáticas

- Planea unas vacaciones de ensueño y calcula cuánto te costarían. Si se utiliza una moneda diferente en tu lugar de destino, asegúrate de convertir los costos.
- Obtén información sobre el costo de la gasolina cerca de tu casa y el millaje promedio de tres tipos de autos. Calcula cuánto costaría para cada auto un viaje de 100 millas por carretera.

## Ciencia y estudios sociales

- Elige una figura histórica que admires e investiga una forma en la que haya influido en el mundo actual.
- Elige un fenómeno natural que hayas observado durante el verano. Inventa una explicación para el fenómeno e investiga para saber si estabas en lo cierto.

## Carácter y acondicionamiento físico

- Escribe una lista de las características positivas que tenga tu amigo más cercano y decide qué rasgos comparten.
- Encuentra una manera más activa de realizar algo que hagas habitualmente. Por ejemplo, intenta hacer algún tipo de ejercicio entre las tareas escolares.

## Objetivos mensuales

Un objetivo es algo que quieres conseguir y por lo que debes trabajar. A veces, alcanzar un objetivo puede ser difícil.

Piensa en tres objetivos que puedas fijarte este mes. Por ejemplo, tal vez quieras hacer ejercicio cada día durante 30 minutos. Escribe tus objetivos en las líneas que aparecen a continuación. Colócalos en algún lugar donde los puedas ver todos los días.

Dibuja una palomita junto a cada objetivo que cumplas. Siéntete orgulloso de haber cumplido tus objetivos y sigue estableciendo nuevas metas para desafiarte a ti mismo.

1. _______________________________________________
2. _______________________________________________
3. _______________________________________________

## Lista de palabras

En esta sección se utilizan las siguientes palabras. Usa un diccionario para buscar todas las palabras que no conozcas. A continuación, escribe tres oraciones en inglés. Utiliza al menos una palabra de la de la lista de palabras en cada oración.

appreciated (apreciado)
auspicious (auspicioso)
critical (crítico)
foreboding (premonitorio)
mingle (mezclar)

novel (novedoso)
ominous (ominoso)
perilous (peligroso)
secretion (secreción)
trepidation (trepidación)

1. _______________________________________________
_______________________________________________
2. _______________________________________________
_______________________________________________
3. _______________________________________________
_______________________________________________

# Introducción a la flexibilidad

Esta sección incluye actividades de acondicionamiento físico y de desarrollo de un carácter flexible. Estas actividades están diseñadas para mantenerte en movimiento y para hacerte pensar sobre tu condición física y el desarrollo de tu carácter.

## Flexibilidad física

Para una persona común, la *flexibilidad* significa ser capaz de realizar tareas físicas cotidianas con facilidad, como agacharse para atarse un zapato. Estas tareas cotidianas pueden resultar difíciles para las personas cuyos músculos y articulaciones no se han utilizado y estirado con regularidad.

El estiramiento adecuado permite que los músculos y las articulaciones se muevan en toda su amplitud, lo cual es importante para una buena flexibilidad. Todos los días te estiras de muchas maneras sin darte cuenta. Cuando agarras un lápiz que se te cayó o una caja de cereales del estante superior, estás estirando tus músculos. La flexibilidad es importante para tu salud, así que desafíate a mejorar tu flexibilidad de forma consciente. Los estiramientos y las actividades sencillas, como el yoga y el tai chi, pueden mejorar tu flexibilidad. Fíjate un objetivo de estiramiento para el verano, como practicar a diario hasta que puedas tocarte los dedos de los pies.

## Flexibilidad de carácter

Aunque es importante tener un cuerpo flexible, también lo es ser flexible mentalmente. Ser flexible mentalmente significa tener la mente abierta al cambio. Puede ser decepcionante que las cosas no salgan como uno quiere, es una reacción normal. Piensa en alguna ocasión en la que una circunstancia inesperada te haya arruinado un plan reciente. Tal vez tu madre tuvo que trabajar un fin de semana y no pudiste ir a un partido de béisbol con tus amigos porque tenías que cuidar a tu hermano menor. ¿Cómo afrontaste la situación?

Gran parte de ser flexible mentalmente es darse cuenta de que habrá situaciones en la vida en las que ocurrirán cosas imprevistas. A menudo, la forma de reaccionar ante las circunstancias es lo que afecta el resultado. Ármate de herramientas para ser flexible, como tener expectativas realistas, pensar en soluciones para mejorar una situación decepcionante y buscar las cosas buenas que puedan haber surgido luego de la decepción inicial.

La flexibilidad mental puede adoptar muchas formas. Por ejemplo: ser justo, respetar las diferencias con otras personas y ser compasivo son formas de practicar la flexibilidad mental. En situaciones difíciles, recuérdate a ti mismo que debes ser flexible y cosecharás los beneficios de este importante rasgo del carácter.

**Encuentra la *superficie* (surface area o SA) o el *volumen* (volume o V) de cada *prisma rectangular* (rectangular prism). Realiza tu trabajo en una hoja aparte.**

1.
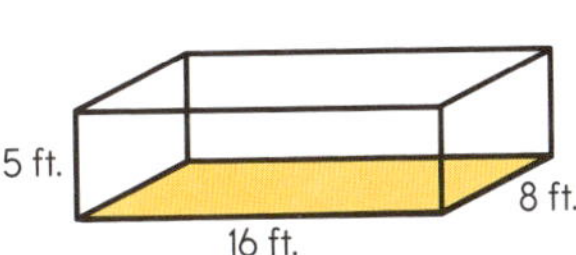


SA = ___________

2.
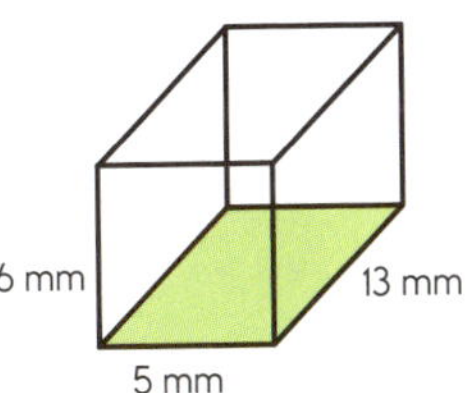


SA = ___________

3.
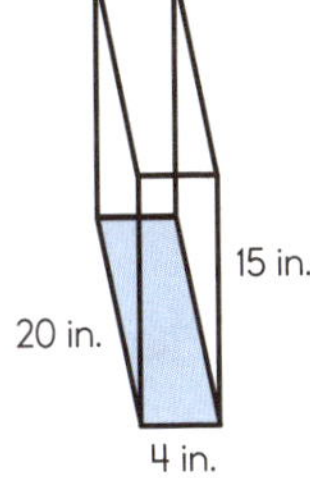


SA = ___________

4.
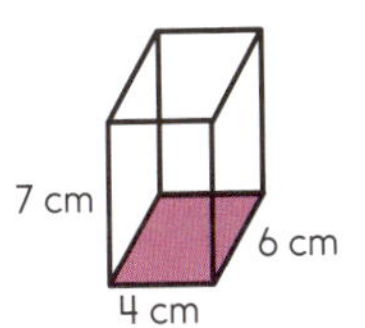


V = ___________

5.
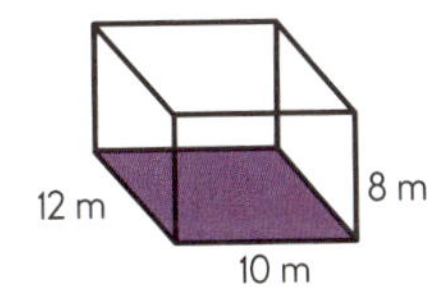


V = ___________

6.
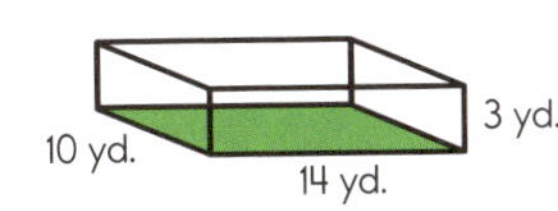


V = ___________

**Lee el pasaje. Subraya cada *sustantivo* (noun). Luego, dibuja tres líneas debajo de cada letra que deba ir en mayúscula.**

american pioneers followed several routes on their journeys west. Pioneers from new england traveled across new york on the mohawk trail. another route led through the cumberland gap, a natural pass in the appalachian mountains that ends near the borders of kentucky, tennessee, and virginia.

the first groups of settlers crossing the appalachian mountains in the late 1700s and early 1800s followed these early trails. The popular conestoga wagon, which originated in pennsylvania and was probably introduced by mennonite german settlers, carried many pioneers migrating southward through the Great appalachian valley along the Great wagon road.

## DÍA 1

**Encierra en un círculo la letra correspondiente a la palabra que complete correctamente cada analogía.**

7. desert : rain forest :: _________ : ravine
   A. ocean        B. canyon        C. plateau        D. mountain

8. tasteless : bland :: auspicious : _________
   A. foreboding   B. favorable     C. trepidation    D. suspicious

9. sight : eyes :: touch : _________
   A. play         B. fingers       C. feel           D. move

10. bird : nest :: rabbit : _________
    A. field       B. den           C. carrot         D. burrow

11. mobile phone : battery :: human : _________
    A. food        B. clothing      C. shelter        D. shoes

**Del banco de palabras elige la letra de la palabra que completa cada oración.**

> A. células          B. clorofila          C. cromosomas
> D. retículo endoplásmico          E. orgánulos          F. núcleo
> G. interfase

12. _________ En la primera etapa de la reproducción celular, el _________ desaparece.

13. _________ Antes de que comience la mitosis, los _________ de la célula, como el cloroplasto y las mitocondrias, hacen copias de sí mismos.

14. _________ El periodo de tiempo en el que una célula crece y copia su ADN se denomina _________.

15. _________ Las unidades básicas de estructura en todos los organismos vivos son las _____.

16. _________ Después de la mitosis, cada célula hija idéntica tiene un conjunto completo de _________.

17. _________ Las células vegetales utilizan _________ para captar la luz solar.

18. _________ Los materiales y las proteínas son transportados a través de las células por el _________.

> **DATO:** El primer parquímetro fue instalado el 16 de julio de 1935, en Oklahoma.

**Enumera las figuras que se crearon en cada sección transversal.**

1.
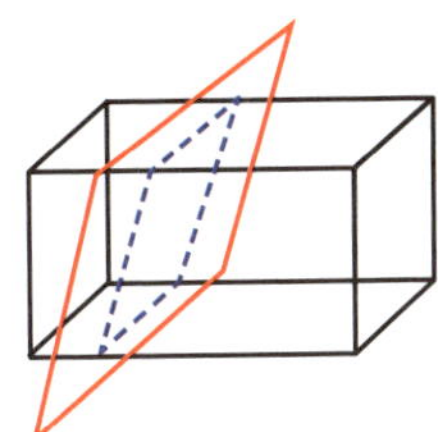

_______________

2.
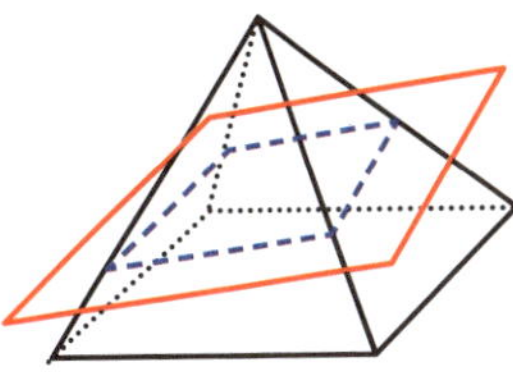

_______________

3.
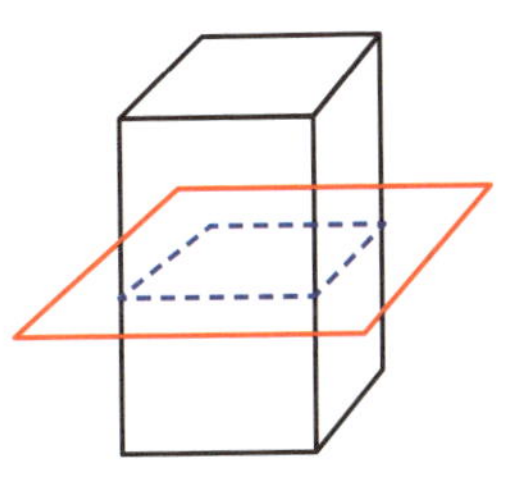

_______________

4.
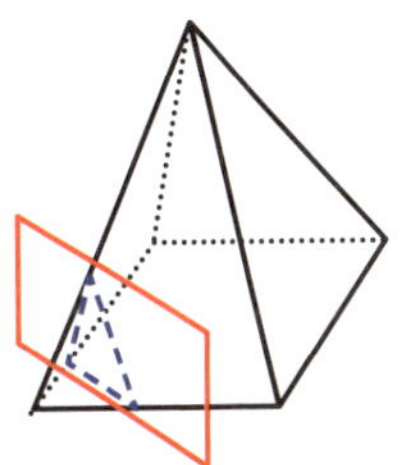

_______________

**Lee cada oración. Añade comas donde sea necesario entre los diferentes adjetivos coordinados.**

5. Lila has always felt competitive with her intelligent charming athletic older sister.

6. The heavy leather-bound antique dictionary had been passed down for four generations.

7. The nervous expectant mother was sure that her baby would arrive before morning.

8. The Goldsteins had driven hundreds of miles to see the majestic towering redwood trees.

9. Nazir picked nearly a bushel of juicy red apples.

10. It seemed only fitting that Monday began as a chilly gray drizzly day.

11. The clear blue water seemed to beckon to Rafael.

12. The brown spotted frog jumped onto a rock and sat there motionless all morning.

13. Juice from the plump ripe strawberries dribbled down Katrina's chin.

14. The eager excited fans cheered when the players jogged onto the field.

## DÍA 2

**Lee cada palabra. Escribe *P* si la palabra tiene una connotación positiva. Escribe *N* si la palabra tiene una connotación negativa.**

15. _________ annoy

16. _________ unique

17. _________ worthless

18. _________ clumsy

19. _________ compliment

20. _________ exquisite

21. _________ glorious

22. _________ cheerful

**Lee el pasaje. A continuación, responde las preguntas.**

## Primary and Secondary Sources

When you conduct research for a paper, you use many sources. A primary source may be a letter, a diary, an interview, a speech, or a law. A primary source provides firsthand information about an event from the view of someone who was present when that event occurred. A secondary source, such as an encyclopedia or a textbook, is a collection and interpretation of information gathered from other sources after an event has happened. If you look at the last page in an encyclopedia entry, you may see a list of articles and books that the author consulted. A letter written home from a soldier serving in World War II is a primary source. It might tell about his experiences with other soldiers in a foreign country. A book that examines the role of the United States during World War II is a secondary source. It might discuss several soldiers' letters and draw conclusions from them.

23. What is the main idea of this passage?
    A.  A textbook is a secondary source.
    B.  Primary sources are written by someone who was present at an event.
    C.  Research includes the use of both primary and secondary sources.

24. What kind of information do primary sources provide? ______________________
    _________________________________________________________________________

25. What does a secondary source interpret? _______________________________

26. Name a primary source you might use to write a research paper about the
    Klondike Gold Rush._______________________________________________________

*Ve la página ii

**Encuentra la unidad de medida en cada problema. Se proporcionan los *cocientes* (ratios) equivalentes para el primer problema. Resuelve la variable.**

1.  Un cocinero utiliza $4\frac{3}{4}$ tazas de caldo para 10 raciones de sopa. ¿Cuánto caldo se utiliza en una ración de sopa? Utiliza la x para representar la cantidad de caldo.

    proporciones equivalentes: $\dfrac{4\frac{3}{4}}{10} = \dfrac{x}{1}$ _________ tazas de caldo por ración

2.  Louisa recorrió en bicicleta $50\frac{4}{5}$ millas en 4 horas. ¿Cuántas millas recorrió en bicicleta por hora? Utiliza la *m* para representar el número de millas.

    proporciones equivalentes: _________ millas por hora

3.  Se vaciaron $124\frac{7}{8}$ galones de agua de una piscina en 25 minutos. ¿Qué cantidad de agua salió de la piscina cada minuto? Utiliza la *g* para representar el número de galones.

    proporciones equivalentes: _________ galones por minuto

**Busca las siguientes palabras en un diccionario, ya sea en línea o impreso. Encierra en un círculo la sílaba acentuada. Luego escribe a qué parte de la oración corresponde la palabra y anota su definición, en inglés, en las siguientes líneas. Si tiene más de una definición o partes de la oración, utiliza la primera que aparezca.**

4.  facilitate ______________________________________________________________

5.  mezzanine ____________________________________________________________

6.  accomplice ___________________________________________________________

7.  promulgate ___________________________________________________________

8.  patriarch ____________________________________________________________

9.  confiscate ___________________________________________________________

10. utilitarian __________________________________________________________

## DÍA 3

**Lee el pasaje. A continuación, responde las preguntas.**

### Dancing Honeybees

Many flowering plants depend on bees for pollination. When a honeybee discovers a patch of flowers with **nectar** and pollen, the bee flies to the hive to alert the other honeybees. The bee dances to communicate with the other bees in the hive.

The bee's dance is a code that explains the direction and distance of the flowers. The honeybee uses the sun as her point of reference. For example, if she performs her dance to the left of an imaginary vertical line perpendicular to the sun, this signals to the other bees that the location of the flowers is to the left of the sun. A long dance indicates a larger find, while a short dance signals a smaller discovery.

Within a short period of time, many worker bees leave the hive and head for the flowers. A honeybee can visit between 50 and 100 flowers during a single collection trip. The average honeybee produces about one-twelfth of a teaspoon of honey in her lifetime. Honeybees must visit about two million flowers to make one pound (0.45 kg) of honey.

11. Which of the following best defines the word *nectar*?
    - A. flowers where bees stop and rest
    - B. the sweet secretion from flowers
    - C. the male bee
    - D. the hive's location

12. Which of the following statements is false?
    - A. A honeybee can visit 50 to 100 flowers during a single collection trip.
    - B. Each worker bee produces about one pound (0.45 kg) of honey in a lifetime.
    - C. The length of the dance signifies how large or small the find is.
    - D. When a worker bee finds a patch of flowers, she shares the information with the other bees in the hive.

13. How does the second paragraph of the selection support the author's theme or main topic? _______________________________________________

_______________________________________________

_______________________________________________

**DATO:** En el mundo se hablan más de 7 000 lenguas. Algunas son utilizadas por muy pocas personas.

Utiliza la ecuación $k = x \div y$ para encontrar la *constante de proporcionalidad* (constant of proportionality) en el conjunto de valores que aparece abajo. Luego, completa la tabla con tres valores más. Grafica los puntos en el *plano de coordenadas* (coordinate plane), traza una recta que pase por los puntos y responde la pregunta.

| $x$ | 1 | 2 | _____ | _____ | _____ |
|---|---|---|---|---|---|
| $y$ | 3 | 6 | _____ | _____ | _____ |

$k =$ _____________

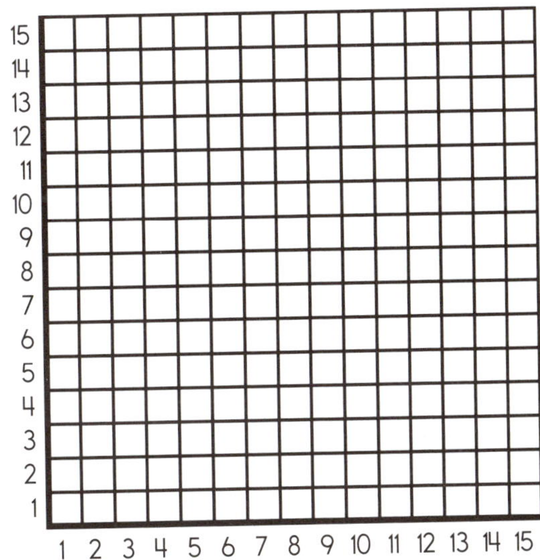

¿Cómo muestra el gráfico que la tasa de cambio es constante? _____________________

Empareja cada palabra con otra que tenga una *denotación* (denotation) similar, pero diferente *connotación* (connotation). Escribe la letra de la palabra correspondiente en la línea.

1. _______ skinny
2. _______ fragrance
3. _______ assertive
4. _______ smile
5. _______ thrifty
6. _______ home
7. _______ stare
8. _______ shrewd

a. aggressive
b. residence
c. smirk
d. glower
e. clever
f. odor
g. stingy
h. slender

## DÍA 4

**Utiliza las pistas contextuales para elegir del banco de palabras la que completa correctamente cada oración.**

| perilous | bulldozer | recipe | doze | breakfast | charcoal |
| --- | --- | --- | --- | --- | --- |

9. Of all the machines on the heavy-equipment lot, the ______________________ is the best to push sand and soil into a pile.

10. Because her neighbor's dog barked all night, Sarah was tired and started to ______________________ in her chair that morning.

11. It is ______________________ to chase a ball into the street when cars and other vehicles are approaching.

12. The ______________________ for brownies is in the striped cookbook.

13. Mrs. Frye's ______________________ consisted of boiled eggs and rye toast.

14. The artist used ______________________ to sketch the stream.

**Crea una nueva palabra en inglés. Escribe una definición en inglés para tu nueva palabra. ¿Cómo se pronuncia? ¿Cómo se utiliza? Escribe una oración en inglés usando tu nueva palabra.**

______________________________________________

______________________________________________

______________________________________________

______________________________________________

______________________________________________

______________________________________________

______________________________________________

______________________________________________

*Ve la página ii

10

**Encuentra la *longitud* (length) representada por la *x* para cada par de triángulos semejantes.**

1.

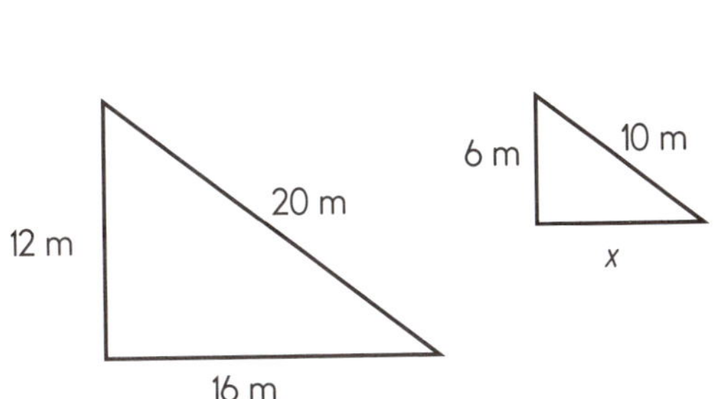


x = _________

2.

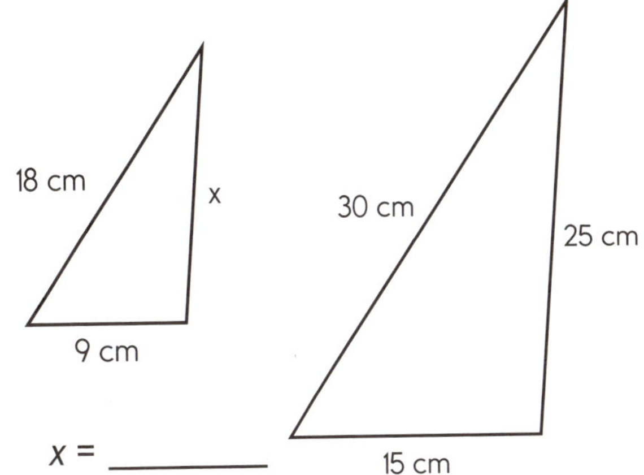


x = _________

3.

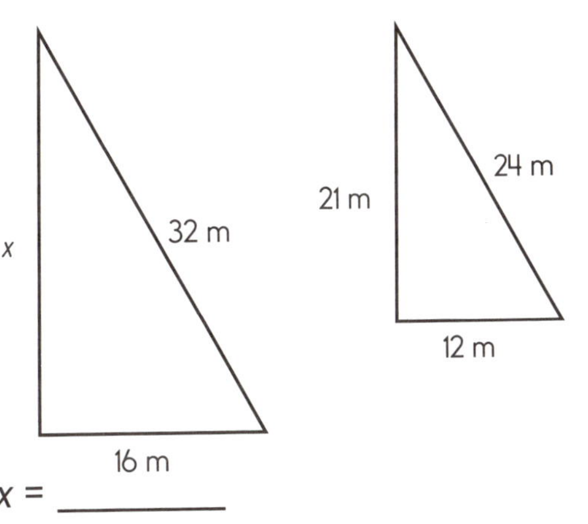


x = _________

4.

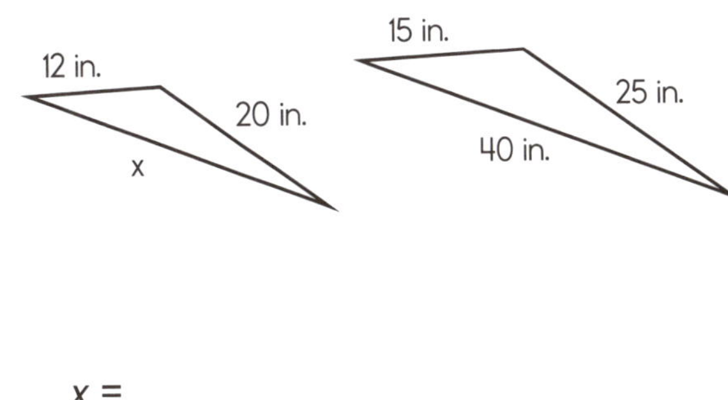


x = _________

**Utiliza la siguiente información para determinar la *probabilidad* (probability) de que se produzca cada evento. Simplifica si es posible.**

Un dado con caras numeradas del 1 al 6 es lanzado. Encuentra la probabilidad de sacar cada número.

5. $P(5) =$ _______________________________

6. $P(1 \text{ o } 2) =$ _______________________________

7. $P(\text{número impar}) =$ _______________________________

8. $P(\text{no } 6) =$ _______________________________

9. $P(\text{número par}) =$ _______________________________

10. $P(1, 2, 3 \text{ o } 4) =$ _______________________________

La forma en la que se utiliza una palabra en una oración puede ayudarte a determinar su significado. Lee cada oración. Encierra en un círculo la palabra en negritas que corresponda al significado correcto de cada oración.

11. That antique painting has **appreciated** (valorizado) over time.
    A.  increased in value
    B.  felt grateful for

12. A good education is **critical** (crítica) for success later in life.
    A.  disapproving
    B.  important

13. The banker deposited $500 in the **vault** (bóveda).
    A.  a piece of gymnastic equipment
    B.  a large safe

14. We enjoyed the **sparkling** (chispeante) conversation at the party.
    A.  glittering
    B.  interesting

15. Reyna put the horse in the **stall** (establo) after she groomed him.
    A.  area of the barn
    B.  halt or pause

16. Matthew thought of a **novel** (novedoso) approach to solving his problem.
    A.  new or innovative
    B.  fictional book

## Giro de aro

¿Has visto a alguien balancear un palo de golf o un bate de béisbol? Los golfistas profesionales y los jugadores de béisbol trabajan con frecuencia en su flexibilidad para tener un rango de movimiento más amplio. Esto les permite lanzar la pelota más lejos. Usa un aro grande (también puedes usar una liga de ejercicio o una toalla) para mejorar tu rango de movimiento en la espalda. Párate dentro del aro. Levántalo hasta la altura de tu cintura. Sujeta el aro contra tu espalda con las manos ampliamente separadas. Con cuidado mueve el aro alrededor de tu cuerpo. Tus brazos deberán hacer una torsión a la altura de tus hombros, de los costados de tu cuerpo hacia el frente y hacia atrás. Ahora mueve el aro en la otra dirección. Manten tus pies firmemente plantados en el suelo y las caderas hacia adelante. Solamente tu torso se debe mover. Empieza lentmente hasta que sientas que tus músculos se relajan. Si usas una liga de ejercicios o una toalla, manten tus brazos frente a ti y gira tu torso.

**PRUEBA DE CARÁCTER:** Piensa en un juego que te guste. Escribe un anuncio de televisión o radio que promueva el juego justo.

*Ve la página ii

## DÍA 6

Amanda le hizo a cada alumno de su clase la siguiente pregunta: ¿cuántas mascotas tienes? La información que obtuvo aparece a continuación.

| Clase de Amanda: | 0, 0, 2, 1, 1, 0, 5, 0, 3, 2, 1, 1, 0, 2, 4, 0, 2, 1, 1, 1, 2, 3, 1, 0, 2 |
| --- | --- |

Charley hizo la misma pregunta a cada alumno de su clase (no es la misma que la de Amanda). La información que recogió aparece a continuación.

| Clase de Charley: | 1, 2, 1, 3, 1, 1, 0, 0, 1, 0, 0, 2, 3, 1, 2, 5, 2, 0, 0, 4, 1, 1, 2, 0, 0, 1, 1, 2, 0 |
| --- | --- |

Responde las preguntas basándote en la información de Amanda y de Charley.

1. ¿Quién tenía un mayor porcentaje de alumnos sin mascotas? _______________

2. ¿Quién le preguntó a más alumnos? _______________

3. Con base en los datos de Amanda, ¿alrededor de cuántos estudiantes por clase tienen 3 o más mascotas? _______________

4. Si se le preguntara a una tercera clase de 30 estudiantes, predice alrededor de cuántos estudiantes tendrían una mascota. _______________

Un *predicado nominativo* (predicate nominative) es un sustantivo o pronombre que sigue a un verbo de enlace y renombra o describe al sujeto de la oración. Lee cada frase. Subraya con una línea el predicado nominativo. Subraya con dos líneas el verbo de enlace. Luego, dibuja una flecha desde el predicado nominativo hasta el sujeto al que renombra.

5. *The Book Thief* by Markus Zusak is a novel for teens that is set in Germany during World War II.

6. Charles Dickens is the author of the novel *Great Expectations*.

7. One of the main characters in J. R. R. Tolkien's book *The Fellowship of the Ring* is a wizard named Gandalf.

8. Homer's story *The Iliad* is a classic tale about the Trojan War.

9. *Harry Potter and the Sorcerer's Stone* is the first book in a series by J. K. Rowling.

10. *The Westing Game* by Ellen Raskin is a popular book.

11. *Animal Farm* and *1984* are two famous novels by George Orwell.

**Lee el pasaje. A continuación, responde las preguntas.**

## The Great Compromise

When the Founding Fathers wrote the U. S. Constitution, they debated about how many representatives each state should have in the federal government. They proposed a plan that states with larger populations should have more votes in Congress than smaller states. This was called the Virginia Plan. However, states with smaller populations disagreed with this plan. They wanted each state to have an equal number of representatives so that less-populated states would have as much say as the more populated states. Their plan was called the New Jersey Plan. After further debate, lawmakers suggested a compromise called the Connecticut Plan. The Connecticut Plan called for a bicameral legislature, or a two-house Congress. One house, called the Senate, would have the same number of representatives from each state. The other house, called the House of Representatives, would have a different number of representatives from each state, based on the state's population. The Connecticut Plan pleased both large and small states and became known as the Great Compromise.

12.   Why did the less-populated states disagree with the Virginia Plan?_______________

_______________________________________________________________________

_______________________________________________________________________

_______________________________________________________________________

13.   Why did the more-populated states think the Virginia Plan was fair? ____________

_______________________________________________________________________

14.   What is a compromise? _______________________________________________

15.   Do you think it is important for people in the government to compromise? Why or why not? ___________________________________________________________

_______________________________________________________________________

16.   Write about a time when you had to compromise with someone. ____________

_______________________________________________________________________

**DATO:** Alrededor del 70 por ciento de las especies de la Tierra se encuentran en solo 12 países: Australia, Brasil, China, Colombia, Ecuador, India, Indonesia, Madagascar, México, Perú y Zaire.

**Utiliza la figura de la derecha para enumerar todos los pares de *ángulos* (angles) que correspondan a cada descripción.**

1.  ángulos exteriores alternos______________________________

2.  ángulos interiores alternos ______________________________

3.  ángulos interiores consecutivos______________________________

4.  ángulos correspondientes______________________________

5.  ángulos verticales ______________________________

6.  ángulos adyacentes (menciona dos pares) ______________________

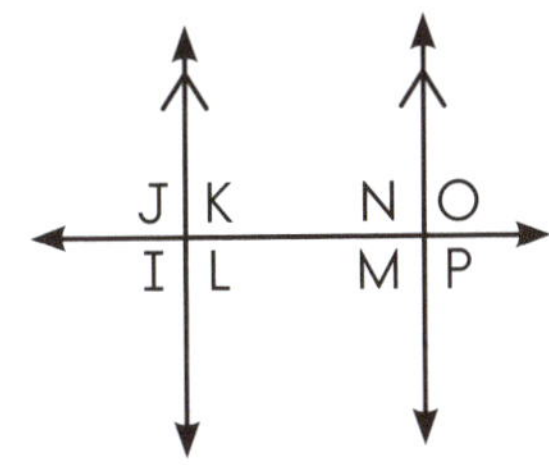


**Utiliza la figura de la derecha para identificar cada par de ángulos, pueden ser del tipo *exterior alterno* (alternate exterior), *interior alterno* (alternate interior), *interior consecutivo* (consecutive interior) o *correspondiente* (corresponding).**

7.  $\angle I$ y $\angle M$ son ángulos ______________________________.

8.  $\angle J$ y $\angle P$ son ángulos ______________________________.

9.  $\angle K$ y $\angle M$ son ángulos ______________________________.

10.  $\angle L$ y $\angle M$ son ángulos ______________________________.

11.  $\angle I$ y $\angle O$ son ángulos ______________________________.

12.  $\angle K$ y $\angle O$ son ángulos ______________________________.

**Un objeto *directo* (direct object) es un *sustantivo* (noun) o un *pronombre del predicado* (pronoun) que recibe la acción del verbo. Un objeto directo responde a la pregunta *quién* (who) o *qué* (what). Encierra en un círculo el objeto directo de cada oración.**

13.  Every person needs an outlet for frustration.

14.  Who sent me the mystery gift?

15.  My mom bought a new bracelet on the Internet.

16.  Joseph has recorded the minutes of the board meetings for the past 20 years.

17.  Samuel Clemens portrayed life on the Mississippi River during the 1800s through the eyes of his characters, Tom Sawyer and Huckleberry Finn.

18.  Should we send Kia roses for winning the district high jump competition?

19.  Every student in the class enjoys Miss Osbourne because of her wonderful sense of humor and upbeat presentations.

20.  After graduating from college, Cindy plans a career in medicine.

# DÍA 7

**Encierra en un círculo la letra que corresponda al significado correcto de cada palabra raíz.**

21. cred
    A. above
    B. believe
    C. feel

22. photo
    A. light
    B. free
    C. shape

23. morph
    A. love
    B. form
    C. change

24. alter
    A. make
    B. send
    C. other

25. port
    A. carry
    B. out
    C. in

26. script
    A. give
    B. write
    C. touch

Nick, Joey, Beki y Carmen corrieron la carrera anual de la ciudad. Cada persona tenía un número de camisa diferente (2, 13, 20 y 34) y terminó en un tiempo diferente (10 minutos, 11 minutos, 12 minutos y 14 minutos). Utiliza la información y el razonamiento deductivo para determinar el número de camisa y el tiempo de carrera de cada persona.

- El corredor con el número de camisa más bajo es también el que corrió más despacio.
- El número de camisa de Nick es 18 unidades mayor que el de Carmen.
- De los cuatro corredores, es un hombre el que más rapidamente llegó a la meta.
- La suma de los dígitos de la camisa de Beki es de 7.
- Nick terminó exactamente dos minutos más rápido que Beki.

|        | 2 | 13 | 20 | 34 |
|--------|---|----|----|----|
| Nick   |   |    |    |    |
| Joey   |   |    |    |    |
| Beki   |   |    |    |    |
| Carmen |   |    |    |    |

**ACONDICIONAMIENTO FÍSICO:**
Haz círculos con los brazos durante 30 segundos.

*Ve la página ii

**Utiliza la probabilidad dada para predecir los resultados a largo plazo. Redondea las respuestas a números enteros.**

1. La probabilidad de sacar una canica roja de una bolsa de canicas de colores es de 3 entre 7. Si sacaras canicas de colores de la bolsa (de una en una, y volvieras a meter siempre la canica) durante 500 intentos, ¿cuántas veces aproximadamente seleccionarías una canica roja?

    _________ veces

2. La probabilidad de sacar un 7 en una ruleta es de 0.083. Si la ruleta gira 250 veces, ¿cuántas veces aproximadamente caerá la ruleta en el 7?

    _________ veces

3. La probabilidad de sacar un as de la baraja es de $\frac{1}{13}$. Si sacas una carta cada vez (y la pones siempre en la baraja) durante 400 intentos, ¿cuántas veces en total podrías esperar sacar un as?

    _________ veces

**Un *objeto indirecto* (indirect object) precede al objeto directo y dice *a quién* (to whom) o *para quién* (for whom) se realiza la acción del verbo. También responde a la pregunta *quién* (who). Encierra en un círculo el objeto indirecto de cada oración.**

4. Mr. Hanson taught the class a lesson in democracy.

5. The parts company will ship them the package by Friday.

6. If I give you the money, will you buy a T-shirt at the concert for me?

7. My dad began paying me an allowance when I was in eighth grade.

8. The Smith family prepared us a delicious meal.

9. Every student in Coach Steinman's P.E. class gave him a card or a small gift when he retired.

10. Marie Curie's radiation research earned her a Nobel Prize in 1903.

11. Our art class bought Miss Sherman a bouquet of flowers for being such a wonderful and caring teacher.

12. Bonnie showed the volunteers the donations for the canned food drive.

13. I built my brother a go-cart for the annual race.

## DÍA 8

Una *expresión idiomática* (idiom) es una frase que tiene un significado diferente del significado literal de cada palabra dentro de la expresión. Subraya la expresión idiomática en cada oración. A continuación, escribe lo que crees que significa la expresión idiomática.

14. When it came to political differences, Mr. Jackson drew a line in the sand.

_______________________________________________

15. Keep your shirt on! We are almost there.

_______________________________________________

16. The motor on our boat went belly up.

_______________________________________________

17. I don't see how you can keep a straight face.

_______________________________________________

18. The 100-meter dash ended in a dead heat.

_______________________________________________

19. Andrew walked through the glassware store like a bull in a china shop.

_______________________________________________

20. After spending 10 days on a beach in Hawaii, Paula returned to work and began to wade through the stack of papers on her desk.

_______________________________________________

21. During the holiday party, employees jockeyed for position to shake hands with the company president.

_______________________________________________

**DATO:** La primera Serie Mundial de béisbol se jugó en 1903 entre los Medias Rojas de Boston y los Piratas de Pittsburgh.

## Completa la tabla para determinar el número total de resultados posibles.

En una tienda de sándwiches, los clientes pueden elegir un sándwich de cada columna por un precio total de 3.99 dólares. ¿Cuántas combinaciones de sándwiches hay disponibles por ese precio?

| Elige un pan. | Elige un relleno. | Elige un queso. |
|---|---|---|
| blanco<br>centeno<br>pumpernickel | jamón<br>pavo<br>tofu | suizo<br>cheddar<br>provolone |

| blanco | | | centeno | | | pumpernickel | | |
|---|---|---|---|---|---|---|---|---|
| jamón | pavo | tofu | | | | | | |
| | | | | | | | | |

Hay __________ resultados posibles.

---

## Combina cada par de oraciones con una *conjunción* (conjunction).

1. I arrived late for the interview. My alarm clock didn't go off on time. ___________
   ______________________________________________________

2. My cousin Jen arrived at six o'clock. We immediately began setting up the board game. _____________________________
   ______________________________________________________

3. The restaurant on Colony Road was closed. We ate at the diner across the road instead. _____________________________
   ______________________________________________________

4. We have no need to ration the fruit. We have several containers of raspberries and cherries. _____________________________
   ______________________________________________________

## DÍA 9

**Lee el poema. A continuación, responde las preguntas.**

Much of Robert Frost's work, like this **pastoral** poem, describes the life and landscapes of rural New England, where he spent much of his life.

### Going for Water by Robert Frost

The well was dry beside the door,
And so we went with pail and can
Across the fields behind the house
To seek the brook if still it ran;

Not loth to have excuse to go,                5
Because the autumn eve was fair
(Though chill), because the fields were ours,
And by the brook our woods were there.

We ran as if to meet the moon                9
That slowly dawned behind the trees,
The barren boughs without the leaves,
Without the birds, without the breeze.

But once within the wood, we paused            13
Like gnomes that hid us from the moon,
Ready to run to hiding new
With laughter when she found us soon.

Each laid on other a staying hand            17
To listen ere we dared to look,
And in the hush we joined to make
We heard, we knew we heard the brook.

A note as from a single place,                21
A slender tinkling fall that made
Now drops that floated on the pool
Like pearls, and now a silver blade.

5.  What does *pastoral* mean? Which words in the poem support this description?

___________________________________________________________

6.  Based on the poem's tone, how do the characters feel about fetching the water?

___________________________________________________________

7.  In line 16, who does *she* refer to? _______________________________

8.  Frost structures this poem in *quatrains*, or stanzas of four lines each. What effect does this form have on the poem and how you read it?

___________________________________________________________

**Utiliza la siguiente información para determinar la probabilidad (P) de que se produzca cada evento. Simplifica si es posible.**

Un tarro contiene 18 gomitas: 7 gomitas moradas, 3 gomitas verdes y 8 gomitas anaranjadas. Travis saca una gomita del tarro. ¿Cuál es la probabilidad de cada uno de los siguientes resultados?

1.  P(verdes) = _______________________________________________

2.  P(moradas) = _______________________________________________

3.  P(anaranjadas) = _____________________________________________

4.  P(no verdes) = ______________________________________________

5.  P(moradas o verdes) = _________________________________________

6.  P(no anaranjadas) = __________________________________________

**Una *aposición* (appositive) es un sustantivo, un pronombre o una frase nominal que suele seguir a otro sustantivo o pronombre, y que lo describe. La frase se separa con comas. Combina cada par de oraciones para que la nueva frase tenga una aposición.**

7.  Anna got the lead role in the play. Anna is a great actress. _______________

    _____________________________________________________________

    _____________________________________________________________

8.  The United Nations is based in New York City. The United Nations is an influential international organization. _____________________________________

    _____________________________________________________________

    _____________________________________________________________

9.  Bridget and Connor work at the Field Museum in Chicago, Illinois. Bridget and Connor are both geologists. _________________________________________

    _____________________________________________________________

    _____________________________________________________________

## DÍA 10

**Utiliza un diccionario de sinónimos, ya sea impreso o en línea, para encontrar y escribir un sinónimo de cada una de las palabras siguientes.**

10. cumbersome ______________________________________________

11. depleted ______________________________________________

12. derisive ______________________________________________

13. prosperity ______________________________________________

14. inane ______________________________________________

15. equilibrium ______________________________________________

16. subvert ______________________________________________

17. commemorate ______________________________________________

18. hirsute ______________________________________________

19. trite ______________________________________________

## Mostrar compasión

La *compasión* es el acto de comprender a otros seres vivos y ser amable con ellos. Hay muchas maneras de mostrar compasión: tratar a los animales con respeto, ser empático con la desgracia de los otros, perdonarlos y mostrar amabilidad a todo el mundo son solo algunas formas de mostrar compasión.

Haz una lista de formas de demostrar compasión en tu comunidad. Piensa en las organizaciones que necesitan voluntarios, haz una lista de los artículos que ya no necesitas y que puedes donar, o piensa en tu propio proyecto para beneficiar a quienes viven en tu comunidad o cerca de ella. Discute tu lista con uno de tus padres o familiares. A continuación, pon una de tus ideas en marcha este verano.

**PRUEBA DE CARÁCTER:** Observa a las personas que demuestran amabilidad. Al final del día comparte tus observaciones con un miembro de tu familia.

**Encuentra la circunferencia de cada círculo. Usa 3.14 para π.**

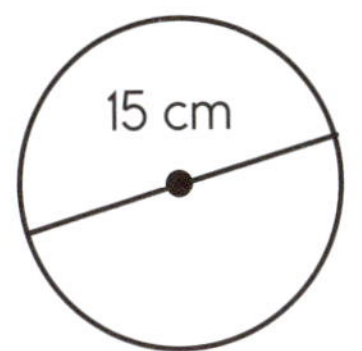


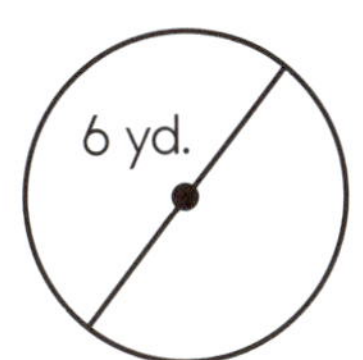


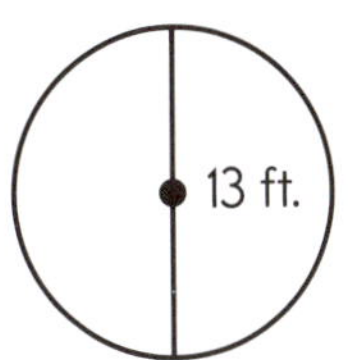


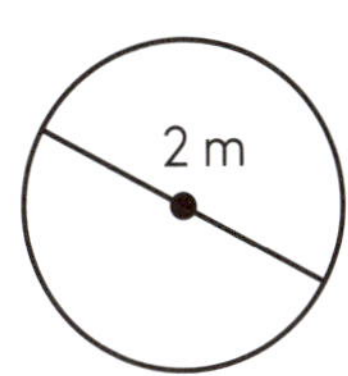


1. _____________   2. _____________   3. _____________   4. _____________

**Encuentra el área de cada círculo. Usa 3.14 para π.**

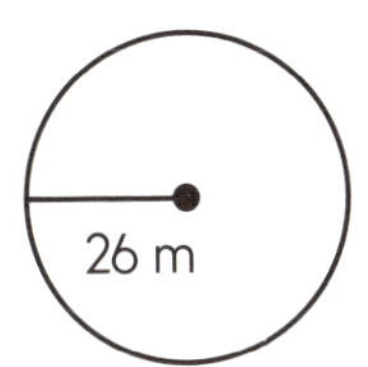


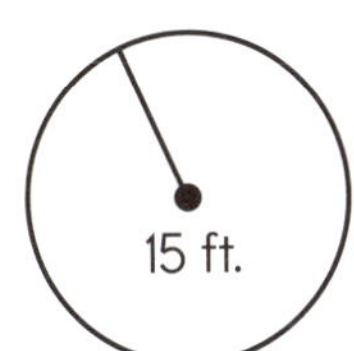

5. _____________   6. _____________   7. _____________   8. _____________

Un *pronombre personal* (personal pronoun) ocupa el lugar de una persona o cosa. Un pronombre indefinido se refiere generalmente a una persona o a una cosa. Un pronombre demostrativo se refiere a una persona o cosa concreta. Subraya el pronombre de cada frase e identifícalo. Escribe *P* de personal, *I* de indefinido o *D* de demostrativo.

9. _________ Chelsea knows everyone in the room.

10. _________ You are a good photographer.

11. _________ He is running in the race on Saturday.

12. _________ Daniel's father helped them find the keys.

13. _________ It broke yesterday.

14. _________ Lincoln will play tennis with you.

15. _________ Neither was prepared for the pop quiz.

16. _________ They filled the stadium to listen to the candidate speak.

17. _________ These are the items for the canned food drive.

18. _________ I won't go unless Kate goes.

19. _________ That is the easiest way to solve the problem.

20. _________ Many liked the pizza with homemade crust and extra cheese.

21. _________ This is the jacket that Tasha wants.

22. _________ Does anybody know what time it is?

# DÍA 11

**Lee cada descripción y elige del banco de palabras la fuente correspondiente.**

| | | |
|---|---|---|
| newspaper or magazine | atlas | encyclopedia |
| almanac | nonfiction books | Internet |

23. contains Web sites about nearly any subject _______________

24. contains maps, facts, and figures about various geographical features and locations _______________

25. contains historical and/or statistical information _______________

26. contains up-to-date information about current topics, often organized by issue _______________

27. organizes facts and information, often alphabetically _______________

28. autobiographies, biographies, and other factual information _______________

**Elige del banco de palabras la letra de la palabra que corresponda a cada descripción.**

| | | | | |
|---|---|---|---|---|
| A. cañón | B. duna | C. istmo | D. altiplanicie | E. sabana |
| F. delta | G. tributario | H. oasis | I. arrecife | J. estrecho |

29. _______ Una colina de arena formada por el viento.

30. _______ Pedazo de tierra en forma triangular formada por depósitos de cieno en la desembocadura de un río.

31. _______ Un área fértil en un desierto con una fuente de agua permanente.

32. _______ Un cuerpo de agua estrecho que conecta dos cuerpos de agua grandes.

33. _______ Un valle estrecho y amplio con declives a los lados.

34. _______ Un área alta y plana a mayor altura que la tierra que la rodea.

35. _______ Tierra plana cubierta de pastizales, con pocos árboles y arbustos.

36. _______ Un río pequeño o riachuelo que desemboca en un río más grande.

37. _______ Un estrecho de tierra que conecta dos masas de tierra más grandes.

38. _______ Arena, piedras o corales cerca de la superficie del agua.

**DATO:** El río Nilo tiene una longitud de 4 132 millas (6 650 km).

## Resuelve cada problema.

1. El precio normal de un par de pantalones es de 38 dólares. Los pantalones tienen un descuento del 35%. ¿Cuánto cuestan los pantalones después de aplicar el descuento? _______________

2. Una librería ofrece rebajas. El libro que quiere Bart tenía un precio original de 14.99 dólares, y ahora cuesta 10.04 dólares. ¿En qué porcentaje se redujo el precio? ______

3. Lisa cenó en un restaurante y le dio el 15% de propina al mesero. Si el precio de su comida era de 10.25 dólares, ¿cuánto dio de propina Lisa? _______________

4. Emily compró un coche nuevo por 22 000 dólares. Pagó el 93% del precio de venta. ¿Cuál es el precio de venta?________________ _________

---

Un *pronombre relativo* (relative pronoun) conecta un grupo de palabras con un sustantivo o un pronombre. Un *pronombre interrogativo* (interrogative pronoun) introduce una pregunta.

**Lee cada frase. Escribe *R* si el pronombre subrayado es relativo. Escribe *I* si el pronombre subrayado es interrogativo.**

5. _______ I will bring <u>whatever</u> you need.

6. _______ <u>What</u> time is your appointment?

7. _______ <u>Which</u> poster won the contest?

8. _______ The essay, <u>which</u> was written by Alyssa, won first place.

9. _______ Choose <u>whichever</u> restaurant you want.

10. _______ <u>What</u> is the title of that song?

11. _______ I don't know <u>what</u> she said.

12. _______ <u>Who</u> brought the chips and juice to the party?

13. _______ I will always remember the nurse <u>who</u> helped me.

14. _______ The child, <u>whom</u> I saw at the parade, was eight years old.

*Ve la página ii

## DÍA 12

El *punto de vista* (point of view) es la perspectiva desde la que se cuenta una historia. Si un escritor cuenta una historia desde el punto de vista de la primera persona, el escritor utiliza *yo* (I). Si un escritor cuenta una historia desde el punto de vista de la tercera persona, el escritor utiliza *él, ella, ellos* o *ellas* (he, she, or they). Lee cada frase. Decide desde qué punto de vista se cuenta la frase. Escribe *F* para la primera persona o *T* para la tercera.

15. _________ I played a tune on my new harmonica.

16. _________ When the clock struck eight, they walked into town to hear the concert in the square.

17. _________ Sulking, she used her umbrella to shield herself from the rain.

18. _________ I imagined myself as a great singer, performing on stage for a large audience.

19. _________ On a whim, he planted the red geranium in the clay flowerpot.

20. _________ Reading the inscription on the plaque, I was amazed by the building's fascinating history.

21. _________ I speculated that my sister was allergic to the new laundry detergent because of the rash on her arms.

**Describe cómo sería un día normal desde el punto de vista de tu mano. ¿Cómo se vería el mundo desde la perspectiva de tu mano?**

_______________________________________________

_______________________________________________

_______________________________________________

_______________________________________________

_______________________________________________

_______________________________________________

_______________________________________________

_______________________________________________

*Ve la página ii

**Utiliza el orden de las operaciones para resolver cada problema.**

1. $2 \times 3[7 + (6 \div 2)] =$ _______________________

2. $3[-3(2 - 8) - 6] =$ _______________________

3. $3 \times 3[2 - (9 \div 3)] =$ _______________________

4. $2[-5(4 - 12) - 3] =$ _______________________

5. $[(3 \times 3) - (30 \div 6)] + (-27) - 13 =$ _______________________

6. $2 \div [(4 \div 2) + (32 \div 8)] =$ _______________________

**Etiqueta cada tipo de triángulo utilizando una palabra del banco de palabras.**

| rectángulo | obtuso | agudo | escaleno | isóceles |
|---|---|---|---|---|

7. la longitud de sus lados es 3 cm, 4 cm y 6 cm _______________________

8. sus ángulos miden 40°, 60° y 80° _______________________

9. sus ángulos miden 25°, 10° y 145° _______________________

10. la longitud de sus lados es 6 in., 5 in. y 6 in. _______________________

11. sus ángulos miden 30°, 60° y 90° _______________________

**Utiliza un transportador para dibujar cada triángulo según la descripción.**

12. Un triángulo rectángulo con un ángulo de 50°.

13. Un triángulo isóceles con un ángulo de 35° y un ángulo de 110°.

## DÍA 13

**Lee el cartel. A continuación, responde las preguntas.**

---

*Belle of the Ball: A Comedy in Two Acts*

by Elizabeth Weaver

**Cast:** (in order of appearance)

Elizabeth Brown .......................................................................................................................Lucy Scott

Belle Brown ...........................................................................................................................Meg Mitchell

Dressmaker ..........................................................................................................................Susan Moore

Mr. Brown ...............................................................................................................................Grant Jordan

Mrs. Brown ............................................................................................................................Jennifer Mills

Ernest Enderby ................................................................................................................Michael Thompson

Clover, the family cat ....................................................................................................................Clover

Partygoers: Ben Adams, Ann Davis, Chandra King, Andy Miller, Susan Moore

### ACT I

**Time:** mid-afternoon

**Setting:** 1920s, the Brown family home

Elizabeth and Belle are in their bedroom preparing for their family's annual ball. The dressmaker is adjusting Elizabeth's gown. Belle is putting the finishing touches on her dress. Mr. and Mrs. Brown talk with Ernest Enderby. Clover emerges from her hiding place under the sofa.

### ACT II

**Time:** evening

**Setting:** the ballroom

Elizabeth and Belle **mingle** with the partygoers. Belle leads the dancing until the ball is unexpectedly disrupted. The guests gather outside. Ernest Enderby makes an announcement.

---

14. Which actor plays more than one role?
    A. Grant Jordan
    B. Lucy Scott
    C. Susan Moore

15. Which of the following best defines the word *mingle*?
    A. dance
    B. take pictures of
    C. socialize

16. What is the setting for Act II? _______________________________________________

---

**DATO:** La temperatura promedio en Marte es de –81 ° F (–63 ° C).

**DÍA 14**

## Resuelve cada problema.

1. $-233 - (-233) =$ _______

2. $31 - (-8) =$ _______

3. $-103 - (-575) =$ _______

4. $-16 - (-38) =$ _______

5. $43 + (-56) - 78 =$ _______

6. $-78 - 65 =$ _______

7. $-19 - 4 =$ _______

8. $-16 + 9 =$ _______

9. $71 + (-18) =$ _______

10. $0 - 17 =$ _______

11. $-8 + (-5) =$ _______

12. $12 + (-7) =$ _______

13. $-13 + 26 =$ _______

14. $-9 - (-24) =$ _______

15. $0 - (-9) =$ _______

Un *pronombre* (pronoun) en el caso nominativo es un sujeto, un predicado nominativo o un apositivo. Un pronombre en el caso objetivo es el objeto de un verbo o una preposición. Encierra en un círculo el pronombre entre paréntesis que complete correctamente cada oración. Luego, identifica su caso. Escribe *N* para nominativo y *O* para objetivo.

16. _______ One February afternoon, (we, us) went sledding.

17. _______ (She, Her) needs to finish her homework.

18. _______ Most of the students voted for (he, him) to be class president.

19. _______ (They, Them) are our best volleyball players.

20. _______ Call (I, me) when you get home.

21. _______ Please take the gift to (she, her).

22. _______ (They, Them) looked at the map.

23. _______ The teacher helped (he, him) with the math problem.

24. _______ The usher escorted (they, them) to their seats.

25. _______ She sat next to Amy and (I, me).

## DÍA 14

**Cuando describes similitudes entre personas, cosas o eventos, las comparas. Cuando describes sus diferencias, las contrastas. Lee el pasaje y piensa en las comparaciones y los contrastes. Luego responde las preguntas.**

Amphibians and reptiles are both cold-blooded animals. Both live in many different areas of the world. Reptiles lay hard-shelled eggs, but amphibians lay soft, sticky eggs. When reptiles hatch, they look like tiny adults. However, amphibians change their appearance throughout several life stages before they finally achieve their mature, adult forms.

26. What two things are being compared in this passage? ______________________
______________________________________________________________________

27. How are the two things similar? How are they different? ______________________
______________________________________________________________________
______________________________________________________________________
______________________________________________________________________

**¿Preferirías tener una visión de rayos X o la capacidad de volar? ¿Qué harías con cada habilidad? ¿Cuáles son sus ventajas y desventajas? Explica en inglés cómo hiciste tu elección. Usa otra hoja si necesitas más espacio.**

______________________________________________________________________
______________________________________________________________________
______________________________________________________________________
______________________________________________________________________
______________________________________________________________________
______________________________________________________________________
______________________________________________________________________
______________________________________________________________________

*Ve la página ii

**DÍA 15**

## Resuelve cada problema.

1. $(625 \div 5) \times 0.2 =$ _______

2. $83 + (-85) =$ _______

3. $\dfrac{150}{-5} \times (-4) =$ _______

4. $(-34) + (-255) =$ _______

5. $80 - (-22) =$ _______

6. $28 - (-65) =$ _______

7. $\dfrac{-555}{-5} \times (-6) =$ _______

8. $28 - (-26) =$ _______

9. $-3 \times 5 =$ _______

10. $[-19 - (-20) - (-34)] \div (-6) =$ _______

11. $\dfrac{-424}{4} =$ _______

12. $[-18 - (-66) - 22] \times 2 =$ _______

13. $19 - 23 =$ _______

14. $-61 - (-21) =$ _______

15. $\left(\dfrac{-72}{9}\right) + \left(\dfrac{-64}{8}\right) + \left(\dfrac{44}{-11}\right) =$ _______

16. $(16 - 21 + 34) \div (-8) =$ _______

**Lee el párrafo. Reemplaza cada sustantivo subrayado escribiendo arriba un pronombre. Luego, lee el nuevo párrafo.**

Stepping off the plane, Mrs. Jackson arrived in Costa Rica at noon. As soon as <u>Mrs. Jackson</u> got to her hotel, <u>Mrs. Jackson</u> enjoyed a light lunch at the restaurant. After lunch, Mr. Jackson, who had taken a different flight, joined <u>Mrs. Jackson</u>. "Let's go to the beach," <u>Mr. Jackson</u> said. <u>Mr. and Mrs. Jackson</u> changed into swimsuits, and off <u>Mr. and Mrs. Jackson</u> went. That evening, <u>Mr. and Mrs. Jackson</u> called <u>Mr. and Mrs. Jackson's</u> son, Max. "<u>Mr. and Mrs. Jackson</u> are having a great time," <u>Mr. and Mrs. Jackson</u> told <u>Max</u>.

## DÍA 15

**Elige del banco de palabras la palabra correcta para completar cada oración.**

| drama | fable | fantasy | folklore | horror | legend |
|---|---|---|---|---|---|

17. A _______________________ is usually written for theatrical performance.

18. A _______________________ demonstrates a useful truth and often includes talking animals.

19. A _______________________ invites readers to suspend reality.

20. _______________________ is usually passed from generation to generation by word of mouth and includes the stories of a people or culture.

21. _______________________ stories evoke an ominous feeling or dread in both the characters and the reader.

22. A _______________________ often features a national hero and may be based on real events.

## El árbol del equilibrio

El equilibrio y la flexibilidad son importantes en muchos deportes, desde el tenis y el esquí hasta el fútbol y la equitación. Prueba esta postura de yoga llamada el árbol y estarás en camino a tener un mayor equilibrio y flexibilidad, ¡así como también fuerza y resistencia!

Párate derecho con los pies separados a la altura de las caderas. Levanta los brazos a los lados a la altura de los hombros. Cambia todo tu peso a la pierna izquierda. Levanta el pie derecho y gira la rodilla hacia un lado. Luego, toca con el pie derecho la parte inferior de la pierna izquierda o la parte interna del muslo sin apoyarlo en la rodilla. Ahora, levanta los brazos por encima de la cabeza. Mantén esta postura durante 10 segundos. Baja lentamente los brazos y el pie. Prueba con la otra pierna. Imagina que el pie que tienes en el piso son las raíces de un árbol; presiónalo firmemente contra el piso. Tus brazos son las ramas. Estíralos hacia el cielo. Para un mejor equilibrio, enfoca tus ojos en un punto fijo frente a ti.

**PRUEBA DE CARÁCTER:** ¿Por qué es importante la honestidad? Escribe un anuncio comercial de 30 segundos que promueva la honestidad. Compártelo con un miembro de tu familia.

*Ve la página ii

**Calcula las unidades de medida para resolver cada problema. Redondea las respuestas según sea necesario.**

1. Sabra hizo una larga caminata y quemó 845 calorías en $3\frac{1}{4}$ horas. Nelson decidió dar un paseo en bicicleta. Quemó 1 435 calorías en $4\frac{7}{8}$ horas. ¿Quién quemó más calorías por hora?

   Tasa unitaria para Sabra: _________     Tasa unitaria para Nelson: _________

   _____________________________ quemó más calorías por hora.

2. Stephan puede correr 3 millas en 15.75 minutos. Kelsha puede correr 5 millas en 22.6 minutos. ¿Quién puede correr más rápido?

   Tasa unitaria para Stephan: _________     Tasa unitaria para Kelsha: _________

   _____________________________ corre más rápido.

3. Natalie fue a la tienda A y compró $3\frac{4}{5}$ libras de pistachos por 17.75 dólares. Nicolás fue a la tienda B y compró $4\frac{7}{10}$ libras de pistachos por 19.50 dólares. ¿Quién obtuvo la mejor oferta?

   Tasa unitaria para Natalie: _________     Tasa unitaria para Nicolás: _________

   _____________________________ obtuvo la mejor oferta.

**Utiliza el contexto de cada oración para ayudarte a determinar el significado de la palabra subrayada. Escribe el significado en la línea. Luego, para comprobar la definición, busca la palabra en un diccionario, ya sea impreso o en línea.**

4. We were hoping that the rain would <u>abate</u> before Nicki's soccer game.

   _______________________________________________________

5. Mr. Gregor <u>reprimanded</u> the entire class for our behavior on the field trip.

   _______________________________________________________

6. The interviewer was impressed with Jamilla's <u>poise</u> and confidence.

   _______________________________________________________

7. William was <u>distraught</u> when he heard the news of his grandmother's illness.

   _______________________________________________________

8. The <u>acrid</u> smell of the smoke filled Alexi's lungs as he ran for the door.

   _______________________________________________________

# DÍA 16

**Lee el pasaje. Luego responde las preguntas.**

## Types of Rocks

Rocks are classified as igneous, sedimentary, or metamorphic, depending on how they were formed. Igneous rocks form when volcanoes erupt and release a molten rock material called *magma*. After the magma cools, it forms solid igneous rock. One type of igneous rock is granite, a very hard material often used in construction. Sedimentary rocks form when water deposits sediment, or small pieces of rocks and sand. Over time, sediment compresses into layers. These layers form sedimentary rock, such as limestone. Sedimentary rock often contains fossils and shells. Metamorphic rocks are the least common rock variety. Metamorphic rocks, such as marble, begin as igneous or sedimentary rocks that are squeezed tightly within Earth's crust over a long time.

9. What is the main idea of this passage?
   A. Hard rocks can be useful for building sturdy structures.
   B. There are three types of rock that are formed in different ways.
   C. Not all rocks look the same.

10. What are the three types of rocks? _________________________________

____________________________________________________________

11. How do igneous rocks form? _______________________________________

____________________________________________________________

____________________________________________________________

12. How do sedimentary rocks form? ___________________________________

____________________________________________________________

____________________________________________________________

13. How do metamorphic rocks form? __________________________________

____________________________________________________________

____________________________________________________________

**DATO:** Los músculos que mueven los ojos se contraen 100 000 veces al día en promedio.

**Reescribe cada número racional como un número decimal. Redondea si es necesario. Marca los dígitos que se repitan trazando una línea sobre ellos.**

**EJEMPLO:** $\dfrac{25}{99} = .\overline{25}$

1. $\dfrac{125}{100} =$ _______

2. $\dfrac{5}{12} =$ _______

3. $\dfrac{7}{10} =$ _______

4. $\dfrac{2}{3} =$ _______

5. $\dfrac{3}{9} =$ _______

6. $\dfrac{7}{8} =$ _______

**Una _cláusula independiente_ (independent clause) expresa un pensamiento completo. Una _cláusula dependiente_ (dependent clause) tiene un sujeto y un verbo, pero no expresa un pensamiento completo. Lee cada cláusula. Escribe _I_ si es una cláusula independiente. Escribe _D_ si es una cláusula dependiente.**

7. _______ When Buster grew tired of chasing after the ball

8. _______ She was not fearful of the dentist during her checkup this year

9. _______ I have a great deal of respect for people with character

10. _______ Because she cannot help crying at sad movies

**Encierra en un círculo cada cláusula independiente y subraya cada cláusula dependiente.**

11. I want to be the first to volunteer whenever the teacher asks for help.

12. If you stay until the birthday party is over, call Mom for a ride home.

13. When monsoon season begins, the humidity makes the air uncomfortable.

14. Pizza is Crawford's choice for dinner, but only if it has a thin crust.

**Una oración compleja contiene una cláusula independiente y una o más cláusulas dependientes. Subraya cada cláusula independiente y encierra en un círculo cada cláusula dependiente.**

15. We stopped playing and sought shelter when the storm began.

16. Gabe hopped off his skateboard so that his friend could use it.

17. We won the state championship because we played together as a team.

18. Although the price of gasoline rose by 50 cents per gallon, Americans did not curb their travel plans.

19. If we fail to finish our project tonight, we will not be in Mrs. Hooper's good graces tomorrow.

## DÍA 17

**Del banco de palabras elige la palabra que complete cada oración.**

| mystery | poetry | essay | biography | myth |
|---|---|---|---|---|

20. A ________________________________ often involves the solution of a crime.

21. A ________________________________ often attempts to explain some natural phenomena and involves the actions of the gods.

22. Verse or rhythmic writing that creates an emotional response is called____________.

23. A ________________________________ is a factual account of a real person's life.

24. An ________________________________ is a short composition that reflects the author's point of view.

**Elige del banco de palabras la palabra que corresponda a cada descripción.**

| recursos de capital | oferta | escasez |
|---|---|---|
| demanda | inflación | servicios |
| bienes | recursos naturales | |

25. Materiales producidos para ser vendidos: ________________________________

26. Trabajos realizados por la gente a cambio de un pago: ____________________

27. La cantidad de bienes o servicios comprados a un determinado precio:________

28. Cosas naturales que tienen un uso comercial o valor:______________________

29. Un incremento en el costo promedio de bienes y servicios: _________________

30. Maquinaria o equipamiento para producir otros bienes:____________________

31. La cantidad de un producto disponible para la venta: ______________________

32. Que no hay una cantidad suficiente de bienes y servicios para cubrir la demanda:

________________________________________________________________

**ACONDICIONAMIENTO FÍSICO:** Haz círculos con los brazos durante 30 segundos.

*Ve la página ii

**Suma las expresiones.**

1. $(2x + 5) + (x + 4) =$ _______________________________________

2. $(3y - 5) + (2y + 4) =$ _______________________________________

3. $(4a + 12) + (-6a - 13) =$ _______________________________________

**Resta las expresiones.**

4. $(3x + 3) - (4x + 6) =$ _______________________________________

5. $(8y - 7) - (y - 4) =$ _______________________________________

6. $(3b + 6) - (-2b + 7) =$ _______________________________________

**Factoriza cada expresión.**

7. $16y - 8$ _______________________________________

8. $18x^2 - 9x$ _______________________________________

9. $-12c - 8$ _______________________________________

Una *oración simple* (simple sentence), o *cláusula independiente* (independent clause), contiene un sujeto y un predicado y expresa un pensamiento completo. Una *oración compuesta* (complete thought) contiene dos oraciones simples unidas por una conjunción. Lee cada oración. Escribe *S* si la oración es simple. Escribe *C* si la oración es compuesta.

10. _______ Alyson and her sister Samantha have completely different interests.

11. _______ The telephone rang, and the doorbell buzzed at the same time.

12. _______ Both the canoe and the sailboat belong to Uncle Bill and Aunt Nancy.

13. _______ You bring the sandwiches, and I'll bring the chips and fruit.

14. _______ Lesley Mitchell finished her project ahead of schedule, but she didn't submit it to her English teacher until the due date.

15. _______ You should get your bike and join our trip.

16. _______ Many of the early settlers had never been farmers, and they were not prepared for the harsh New England winters.

17. _______ Camilla stayed longer than usual.

18. _______ Really great movies are hard to find, but I'm not very picky.

19. _______ Luke goes home and studies every day after school.

## DÍA 18

**Utiliza la figura de la derecha para responder cada pregunta.**

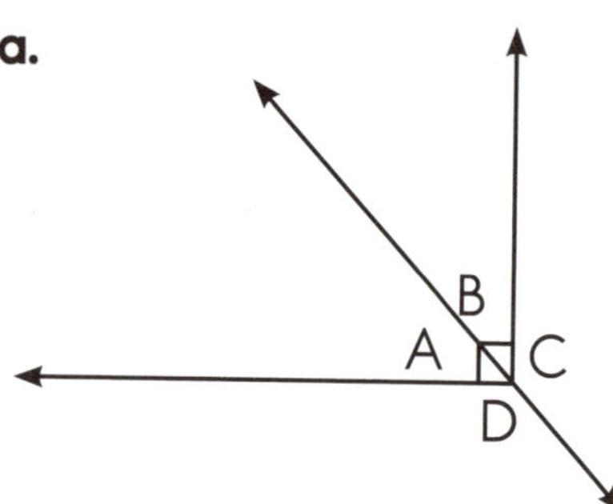


20. m∠A + m∠B = __________ °

    ∠A y ∠B son ángulos __________________ .

21. m∠D + m∠ __________ = 180°

    ∠D y ∠A son ángulos __________________ .

**Utiliza la figura de la derecha para responder cada pregunta.**

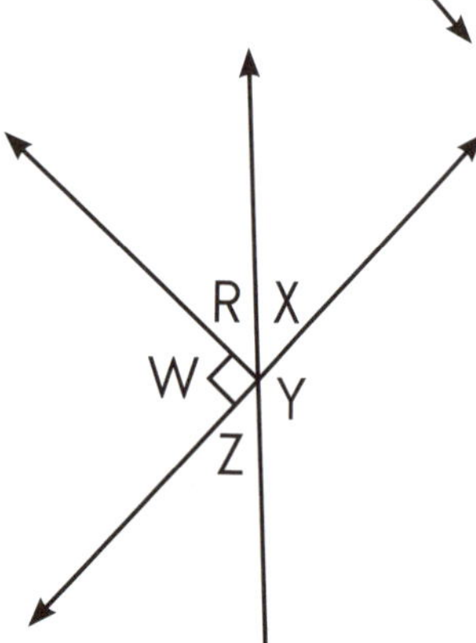


22. If m∠X = 45°, m∠R = __________ °, m∠Y = __________ °,

    y m∠Z = __________ °

23. m∠X + m∠Y = __________ °

24. m∠R + m∠X = __________ °

25. ∠R y ∠X son ángulos __________________ .

**Utiliza las palabras del banco de palabras para etiquetar las partes del *paramecio* (paramecium), un protista parecido a un animal.**

| | | | |
|---|---|---|---|
| poro anal | canal oral | vacuola de alimentos | citoplasma |
| micronúcleo | cilios | macronúcleo | membrana celular |

26. __________________

27. __________________

28. __________________

29. __________________

30. __________________

31. __________________

32. __________________

33. __________________

**DATO:** Un tercio de la población de la Tierra vive en China y en la India.

**Encuentra cada producto o cociente. Redondea las respuestas según sea necesario.**

1.  $12.5 \times 5.8 =$ _______________

2.  $\dfrac{4}{9} \div \left(-\dfrac{3}{10}\right) =$ _______________

3.  $-3\dfrac{1}{7} \div 10\dfrac{4}{5} =$ _______________

4.  $-3\dfrac{1}{5} \times \left(-7\dfrac{3}{8}\right) =$ _______________

5.  $-0.74 \div (-0.17) =$ _______________

6.  $\dfrac{3}{14} \times -\left(\dfrac{2}{7}\right) =$ _______________

7.  $1.8 \times (-4.5) =$ _______________

8.  $-9\dfrac{1}{2} \times 3\dfrac{1}{5} =$ _______________

9.  $-\dfrac{5}{6} \div \left(-\dfrac{7}{8}\right) =$ _______________

10. $-\dfrac{4}{5} \times \left(-\dfrac{9}{10}\right) =$ _______________

11. $1.782 \times (-2) =$ _______________

12. $-4\dfrac{2}{7} \div \left(-3\dfrac{3}{14}\right) =$ _______________

El *tiempo verbal* (verb tenses) muestra cuándo tiene lugar una acción. Escribe el tiempo *pasado* (past tense) y el *participio pasado* (past participle) de los siguientes verbos en *presente* (present tense). Luego, utiliza un diccionario para comprobar tu trabajo.

| Presente (Present Tense) | Pasado (Past Tense) | Pasado Participio (Past Participle) |
|---|---|---|
| 13. forget | | |
| 14. teach | | |
| 15. sink | | |
| 16. break | | |
| 17. freeze | | |
| 18. throw | | |
| 19. choose | | |
| 20. hear | | |

**ACONDICIONAMIENTO FÍSICO:**
Haz 10 encogimientos de hombros.

*Ve la página ii

# DÍA 19

**Lee el pasaje. A continuación, responde las preguntas.**

## The Blarney Stone

Each year, thousands of tourists visit Blarney Castle in Blarney, Ireland. They come to see, and sometimes kiss, the Blarney Stone, located high in the castle's battlements. The three-story castle was built in 1446 by the King of Munster. The stone that exists today is thought to be half of the original Stone of Scone, which belonged to Scotland. Scottish kings were crowned over the stone because of its alleged magical powers.

How the Blarney Stone earned these alleged powers is unclear. One legend says that an old woman cast a spell on the stone to reward a king for saving her from drowning. Kissing the stone gave the king blarney, which is the ability to speak convincingly.

The term *blarney* may have originated from the many unfulfilled promises of Cormac McCarthy, King of Munster, who promised to give his castle to the Queen of England. But he delayed doing so with soft words, which Queen Elizabeth I described as "blarney talk." Other legends say that the definition came from another king who once lived in the castle. He had the ability to remain in the middle of an argument without taking sides.

Tourists who want to kiss the Blarney Stone do so with great difficulty. They have to lie on their backs and bend backward and down, holding iron bars for support.

21. What is the setting for this passage?

    A. Scotland      B. London      C. Ireland      D. Wales

22. Which of the following best defines the word *blarney*?

    A. understandable conversation      B. confusing speech
    C. skillful flattery or deception      D. nonstop chattering

23. Why do tourists want to kiss the Blarney Stone? _______________________

    ______________________________________________________________

24. Do you think that only people who believe in magic will kiss the stone? Why or why not? ______________________________

    ______________________________________________________________

    ______________________________________________________________

    ______________________________________________________________

**Escribe y resuelve la ecuación de cada problema.**

1. Melissa vendió 18 boletos para la rifa de la escuela. Jonah vendió la mitad de boletos que Melissa. Shona vendió $1\frac{1}{2}$ veces más boletos que Melissa. Si cada boleto cuesta 6 dólares, ¿cuánto dinero en total recaudaron los estudiantes?

   ecuación: _______________________

   respuesta: _______________________

2. Tamara irá con su clase a una excursión de tres días. El costo del viaje es de 76 dólares por alumno. El precio incluye 14 dólares por noche para 2 noches de hotel. Tamara también recibirá 6 vales de alimentos. Cada vale de alimentos cuesta la misma cantidad. ¿Qué valor tiene cada vale de alimentos?

   ecuación: _______________________

   respuesta: _______________________

Una *alusión* (allusion) es una referencia a una persona, lugar o cosa perteneciente a la literatura, a la mitología o la historia. Encuentra y subraya la alusión en cada oración. Explica en la línea que le sigue a qué se refiere la alusión.

3. Jacob looked like Oliver Twist, standing there asking for something else to eat.

   _______________________________________________

4. Everything looked so strange to Malia when she came home from summer camp. She felt like Alice falling down the rabbit hole.

   _______________________________________________

5. It's been raining for so long, Dad was just about ready to build an ark!

   _______________________________________________

6. "No one's perfect," said Mom. "Everyone has an Achilles' heel."

   _______________________________________________

7. I spent the afternoon scrubbing the house like Cinderella, and Mom still wouldn't let me go to the school dance!

   _______________________________________________

8. Edward is such a Scrooge—he absolutely hates to part with his money.

   _______________________________________________

## DÍA 20

Un *informe de no ficción* (nonfiction report) debe estar libre de prejuicios u opiniones personales. Los *elementos de parcialidad* (elements of bias) pueden incluir palabras con sentido negativo, generalizaciones y estereotipos. Lee el siguiente ensayo sobre la elección de una mascota y subraya los elementos de parcialidad.

### Best Pet

When selecting a family pet, consider getting a turtle. A turtle is the perfect pet for everyone. A turtle needs only a little bit of food each day and, with the proper care, can be a fantastic addition to every home. If you handle a turtle, though, be sure to wash your hands thoroughly afterward. Turtles may carry bacteria called *salmonella*, which is dangerous to humans.

Granted, all turtles are lazy, as they sit on their rocks in the sun and do not do much else. But, you can sit in a chair and watch them in your free time. Unlike dogs or cats, which are cute and frisky, turtles are sluggish, but still fascinating.

You will need to provide proper food and housing for your turtle. Give it a large tank so that it has plenty of room to roam. Proper lighting is important as well, so you will have to purchase a special ultraviolet lightbulb. Finally, do not forget to name your new pet.

Piensa en un anuncio que hayas visto o escuchado recientemente. Describe cómo el anuncio animaba a los consumidores a comprar el producto de una empresa. ¿Cómo hizo la empresa para convencer que su producto es el mejor? ¿Deben los consumidores confiar en toda la información que ofrece el anuncio? ¿Dónde podrías obtener más información sobre el producto para realizar una compra informada? Utiliza otra hoja si necesitas más espacio.

_______________________________________________

_______________________________________________

_______________________________________________

_______________________________________________

_______________________________________________

_______________________________________________

**PRUEBA DE CARÁCTER:** ¿Qué es la compasión? Haz una lista de cinco formas en las que puedes mostrar compasión por tus amigos, por tu familia, los animales y el medio ambiente.

## Pulsaciones en reposo y activas

### ¿Cómo afecta el ejercicio a la frecuencia cardíaca?

Cada vez que los ventrículos del corazón se contraen, la sangre entra en las arterias. Cada latido del corazón hace que las arterias se estiren, lo que provoca la sensación de pulsación que se siente. Como la sangre sale del corazón con gran fuerza, se desplaza rápidamente para poder llegar a las partes del cuerpo más alejadas del corazón.

En esta actividad, encontrarás tu pulso y calcularás el número de veces que late tu corazón por minuto. Luego, determinarás cómo afecta el ejercicio a tu frecuencia cardíaca.

**Materiales:**
- papel
- silla
- lápiz
- cronómetro

**Procedimiento:**
1. Siéntate en una silla y relájate durante 1 minuto. Utiliza los dedos índice y medio para localizar tu pulso en la muñeca o en el cuello.
2. Cuenta el número de latidos que sientes en 15 segundos. Multiplica este número por 4. Esta es tu frecuencia de pulso en reposo durante 1 minuto. Registra este número en la columna de «Frecuencia de pulso en reposo» (Resting Pulse Rate).
3. Trota en un lugar durante 1 minuto. A continuación, deja de trotar y utiliza los dedos índice y medio para localizar tu pulso en la muñeca o el cuello. Calcula tu frecuencia de pulso tal como lo hiciste en el paso 2. Registra este número en la columna de «Frecuencia de Pulso Activa» (Active Pulse Rate).
4. Repite los pasos 1 al 3 dos veces más. A continuación, calcula tus frecuencias de pulso promedio en reposo y activa sumando las tres pruebas de cada columna y dividiéndolas por 3.

| Prueba | Frecuencia de pulso en reposo | Frecuencia de pulso activa |
| --- | --- | --- |
| 1 | | |
| 2 | | |
| 3 | | |
| Promedio | | |

5. Pide a algunos amigos que encuentren también sus pulsaciones en reposo y activas. Escribe tus pulsaciones promedio en reposo y activas en las columnas correspondientes. A continuación, calcula las frecuencias de pulso promedio de tus amigos. ¿Los chicos y las chicas tienen una frecuencia de pulso media igual o diferente? ¿Cómo puedes explicarlo?

* Ve la página ii.

## EXTRA

## Adaptaciones de las aves

### ¿Cómo se adaptan las aves a sus entornos?

Las aves desarrollan diferentes características físicas que les ayudan a sobrevivir. El tamaño y la forma del pico de un ave es específico para lo que come. Un pico corto y ancho suele ser mejor para abrir frutos secos y semillas. Un pico largo y fino es más adecuado para excavar en busca de insectos y gusanos. Algunas aves tienen las patas más largas para estar en aguas profundas y capturar peces y otras criaturas acuáticas. Otras *adaptaciones* (adaptations) son el tamaño, la envergadura, el tipo de patas y la forma de las plumas.

En esta actividad, crearás un modelo de un ave adaptada físicamente para vivir en un hábitat específico.

### Materiales:
- arcilla de diferentes colores
- palitos de algodón
- botones
- tijeras

- plumas
- popotes
- ramitas
- piedrecitas

- cartulina
- tallos de chenilla
- pegamento o barras de pegamento

### Procedimiento:
1. Elige uno de estos hábitats.
    A. desierto seco y arenoso con muy poca agua o vida vegetal
    B. zona fría y montañosa; muy elevada
    C. región antártica donde la nieve y el hielo cubren el suelo todo el año
    D. selva tropical; llena de vida vegetal colorida

2. Utiliza los materiales para crear una maqueta de un ave que esté físicamente adaptada para sobrevivir en el hábitat que hayas elegido.

3. Describe las adaptaciones físicas del ave. ______________________________
    ______________________________________________________________________
    ______________________________________________________________________

4. ¿Cómo podría adaptarse esta especie de ave si los seres humanos o la naturaleza cambiaran su hábitat? _____________________________________________
    ______________________________________________________________________
    ______________________________________________________________________

5. ¿Qué significa la palabra *adaptación* (adaptation) tal y como se utiliza en este experimento? ________________________________________________________
    ______________________________________________________________________

## Uso de la latitud y la longitud

Las líneas de latitud son líneas imaginarias en un globo terráqueo o un mapa que se utilizan para medir las distancias al norte y al sur del ecuador (0°). Se llaman *paralelas* porque son paralelas al ecuador. La latitud se escribe en grados al norte o al sur del ecuador. Las líneas de longitud son líneas imaginarias en un globo terráqueo o un mapa que se utilizan para medir las distancias al este y al oeste del primer meridiano (0°). Las líneas de longitud también se conocen como *meridianos* y van del polo norte al polo sur. La longitud se escribe en grados al este o al oeste del primer meridiano.

**Utiliza un atlas para encontrar la ciudad más grande situada cerca de cada coordenada. Cada coordenada se redondea al grado más cercano. A continuación, escribe el nombre de la ciudad en la línea.**

| | Ciudad | Latitud | Longitud |
|---|---|---|---|
| 1. | __________________ | 22°N | 114°E |
| 2. | __________________ | 52°N | 1°W |
| 3. | __________________ | 34°N | 84°W |
| 4. | __________________ | 56°N | 3°W |
| 5. | __________________ | 29°N | 77°E |
| 6. | __________________ | 26°S | 28°E |
| 7. | __________________ | 41°N | 2°E |
| 8. | __________________ | 51°N | 114°W |
| 9. | __________________ | 38°N | 122°W |
| 10. | __________________ | 24°S | 47°W |

**Utiliza un atlas para trazar cada ciudad. A continuación, anota la latitud y la longitud en el gráfico, redondeando al grado más cercano.**

| | Ciudad | Latitud | Longitud | | Ciudad | Latitud | Longitud |
|---|---|---|---|---|---|---|---|
| 11. | París | _______ | _______ | 12. | Vancouver | _______ | _______ |
| 13. | Pekín | _______ | _______ | 14. | Atenas | _______ | _______ |
| 15. | Lima | _______ | _______ | 16. | Boston | _______ | _______ |
| 17. | Honolulú | _______ | _______ | 18. | Ciudad de México | _______ | _______ |
| 19. | Venecia | _______ | _______ | 20. | Moscú | _______ | _______ |

## EXTRA

### Formas de gobierno

Existen muchos tipos de gobierno en el mundo. A continuación, se enumeran algunos ejemplos. Elige tres tipos de gobierno de la lista. Luego, con el permiso de un adulto, navega en Internet o visita una biblioteca para investigar los tres tipos de gobierno. Escribe una breve descripción de cada gobierno.

comunismo

democracia constitucional

monarquía constitucional

democracia

república democrática

dictadura

emirato

federación

república federal

república islámica

monarquía

oligarquía

democracia parlamentaria

república

socialismo

teocracia

1. _______________________________________________

2. _______________________________________________

3. _______________________________________________

## El canal de Panamá

**Lee el pasaje. Luego, crea una línea de tiempo que muestre cómo se construyó y cómo ha cambiado el canal de Panamá.**

El canal de Panamá cruza el istmo de Panamá y conecta los océanos Atlántico y Pacífico. Los primeros viajeros no tenían otra opción que navegar alrededor de América del Sur para llegar de un océano al otro. La idea de construir un canal a través de Panamá surgió a principios del siglo XVI, pero aún no se había desarrollado la tecnología necesaria. En 1880, una empresa francesa compró los derechos para construir el canal y comenzó a excavar. Sin embargo, el terreno era difícil de limpiar y muchos trabajadores sufrían de malaria o fiebre amarilla. Las obras del canal se detuvieron en 1889. Entonces, en 1903, Estados Unidos compró los derechos de construcción y explotación del canal. El proyecto se completó el 5 de agosto de 1914.

Debido a la dificultad del terreno y a la gran distancia que cubre el canal, algunos lo consideran la mayor creación de la ingeniería de la era moderna. El canal se extiende a lo largo de 50 millas (82 km) desde las aguas profundas del océano Atlántico hasta las aguas profundas del océano Pacífico. Su anchura oscila entre 500 a 1 000 pies (150 a 300 metros), y su profundidad es de al menos 41 pies (12.5 metros). El canal utiliza series de esclusas que suben y bajan los barcos que pasan al nivel adecuado para cada océano. Un barco tarda entre 15 y 20 horas en cruzar de un océano a otro, incluyendo el tiempo de espera.

En 1977, el presidente estadounidense Jimmy Carter firmó el Tratado Torrijos-Carter. Este tratado, que entró en vigor el 31 de diciembre de 1999, inició el proceso de traspaso del control del canal a Panamá. Desde entonces, el canal ha seguido siendo un gran éxito. Sin embargo, el desarrollo de barcos más anchos ha creado problemas cuando intentan pasar por el canal. Las obras de ampliación y profundización del canal comenzaron en 2007.

## ¡Vamos afuera!

Planea una excursión de un día con tu familia. Lleva un bolígrafo, un cuaderno y una cámara. Cada hora toma una foto del lugar en el que te encuentras. Anota la hora y el lugar de cada foto. Imprime las fotos después del viaje. Haz una línea de tiempo del día, utilizando las horas como medida de tiempo. Coloca las fotos en la línea de tiempo y en las horas correspondientes. Comparte tu línea de tiempo con tus amigos y muéstrales los momentos más destacados de la excursión.

Asiste a una noche de cine al aire libre o a una obra teatral comunitaria en tu zona. Elige una película o una obra a la cual asistir con un miembro de tu familia. Lleva un bolígrafo y un cuaderno. Si vas a ver una obra en vivo, lee el folleto impreso y averigua acerca del director y los actores. Toma notas sobre tu experiencia durante el espectáculo o la obra. A continuación, lee tus notas y escribe una reseña sobre la película o la obra. Comparte tu reseña con los miembros de tu familia que hayan asistido.

Da un paseo por tu barrio. Lleva un bolígrafo y un cuaderno. Detente periódicamente y escribe notas indicando lo que hiciste, viste y oíste. Lee tus notas después del paseo. A continuación, escribe un resumen de 50 palabras sobre tu paseo. Reduce tu resumen a 30 palabras. Asegúrate de mantener las ideas clave. ¿Puedes reducir tu texto a 10 palabras?

Elige algo que hayas visto en tu paseo y sobre lo que te gustaría aprender más. Puede ser un pájaro, un tipo de árbol, un insecto, un estilo de arquitectura o el cartel de la próxima obra de teatro. Investiga sobre el tema, ya sea en Internet o en la biblioteca. A continuación, escribe un breve ensayo en el que describas lo que has aprendido de tu investigación. Comparte tu escrito con algún amigo o familiar.

*Ve la página ii.

## Objetivos mensuales

Piensa en tres objetivos que puedas fijarte este mes. Por ejemplo, podrías leer 30 minutos cada día. Escribe tus objetivos en las líneas que aparecen a contunuación. Colócalos en algún lugar donde los puedas ver todos los días.

Dibuja una palomita junto a cada objetivo que cumplas. Siéntete orgulloso de haber cumplido tus objetivos y sigue estableciendo nuevas metas para desafiarte a ti mismo.

1. _______________________________________________

2. _______________________________________________

3. _______________________________________________

## Lista de palabras

En esta sección se utilizan las siguientes palabras. Utiliza un diccionario para buscar cada palabra que no conozcas. A continuación escribe tres oraciones en inglés. Utiliza al menos una palabra de la lista de palabras en cada oración.

deficit (déficit)
extract (extraer)
gullible (crédulo)
implement (implementar)
indigenous (indígena)

innovations (innovaciones)
mechanism (mecanismo)
metropolitan (metropolitano)
pamphlets (folletos)
segregated (segregado)

1. _______________________________________________
_______________________________________________

2. _______________________________________________
_______________________________________________

3. _______________________________________________
_______________________________________________

## Introducción a la fuerza

Esta sección incluye actividades de acondicionamiento físico y de desarrollo del carácter, todo enfocado en la fortaleza. Estas actividades están diseñadas para mantenerte en movimiento y para hacerte pensar en fortalecer tu cuerpo y tu carácter.

### Fuerza física

Al igual que la flexibilidad, la fortaleza es importante para un cuerpo saludable. Mucha gente piensa que una persona fuerte es quien puede levantar una enorme cantidad de peso. Sin embargo, la fuerza no es solo levantar pesas. Tener fuerza es importante para muchas actividades cotidianas, como ayudar en las tareas del jardín o ayudar a tu hermano menor a subir al auto. La fuerza muscular también ayuda a reducir la tensión en las articulaciones a medida que el cuerpo envejece.

Las actividades cotidianas y muchos ejercicios divertidos te ofrecen la oportunidad de desarrollar tu fuerza. Llevar las bolsas de las compras, montar en bicicleta y nadar son excelentes formas de fortalecer los músculos. Los ejercicios clásicos, como las flexiones de brazos y las dominadas, también son fantásticas para desarrollar la fuerza.

Basándote en las actividades que te gustan, establece objetivos realistas y alcanzables para mejorar tu fuerza. Evalúa tu progreso durante los meses de verano y establece nuevos objetivos de fortaleza a medida que vayas cumpliendo las metas anteriores.

### Fortaleza de carácter

Al mismo tiempo que desarrollas tu fuerza física, trabaja también tu fortaleza interior. Tener un carácter fuerte significa defender tus creencias, incluso si los demás no están de acuerdo con tu punto de vista. La fortaleza interior puede demostrarse de muchas maneras. Por ejemplo, puedes mostrar tu fortaleza interior siendo honesto, defendiendo a alguien que necesita tu ayuda y haciendo tu mejor esfuerzo en cada tarea. La fortaleza interior no siempre es fácil de demostrar. Piensa en alguna ocasión en la que hayas demostrado tu fortaleza interior, como por ejemplo, diciendo la verdad cuando rompiste el jarrón favorito de tu madre. ¿Cómo utilizaste tu fortaleza interior para manejar esa situación?

Aprovecha los meses de verano para desarrollar un fuerte sentido de identidad, tanto física como emocionalmente. Celebra tus éxitos y busca formas de hacerte aún más fuerte. Reflexiona sobre tus logros durante el verano y verás un crecimiento positivo por dentro y por fuera.

**Simplifica cada expresión.**

1. $-n + 9n + 3 - 8 - 8n$ _______________

2. $4(x + 9y) - 2(2x + 4y)$ _______________

3. $3(-4x + 5y) - 3x(2 + 4y)$ _______________

4. $4(x + 5y) + (5x + y)$ _______________

5. $5 - 4y + x + 9y$ _______________

6. $6x + -2y^2 + 4xy^2 + 3x^2 + 5xy^2$ _______________

7. $-2x + 3y - 5x - (-8y) + 9y$ _______________

8. $-2(c - d) + (c - 3d) - 5(c - d)$ _______________

9. $6(a - b) - 5(2a + 4b)$ _______________

10. $3x + (-3y) - (4x) + y$ _______________

11. $7(x + 5y) + 3(x + 5y) + 5(3x + 8y)$

_______________

12. $-3(4x + -2y) - 2(x + 3y) - 2(2x + 6y)$

_______________

13. $12x + 6x + 9x - 3y + (-7y) + y$ _______________

14. $2b + 3(2b + 8z) - 3(8b + 2a)$ _______________

15. $-21x + (-2x)$ _______________

16. $3[2(-y^2 + y) - 3] - 3(2x + y)$ _______________

Un *modificador* (modifier) es una palabra o grupo de palabras que describen a un sustantivo o pronombre. En las oraciones con un *modificador colgante* (dangling modifier), no está claro qué describe el modificador. Cada oración contiene un modificador colgante. Reescríbela para que quede claro qué describe el modificador.

**EJEMPLO:** While walking to school, a barking dog chased after me.
**While I was walking to school, a barking dog chased after me.**

17. While studying for a history test, Dad called me down for dinner.

_______________________________________________

18. Practicing piano after dinner, my sister said I was really improving.

_______________________________________________

19. Walking the trail at the park, the birds sang cheerfully.

_______________________________________________

20. After rehearsing my lines for the play, Mom said she thought I'd do very well on opening night.

_______________________________________________

21. Though he was not very athletic, Darren taught Micah to play football.

_______________________________________________

## DÍA 1

Lee cada palabra. Escribe *P* si la palabra tiene una connotación positiva, y *N* si la palabra tiene una connotación negativa.

22. _________ absurd

23. _________ intrepid

24. _________ radiant

25. _________ assertive

26. _________ thrifty

27. _________ sabotage

28. _________ arrogant

29. _________ obsolete

Elige del banco de palabras la que corresponda a cada descripción.

| | | | | |
|---|---|---|---|---|
| reflexión difusa | reflexión | opaco | lente | punto focal |
| rayo | traslúciddo | convexo | transparente | cóncavo |

30. _________________________ Un material que permite que pase un poco de luz.

31. _________________________ Un material que absorbe o refleja la luz.

32. _________________________ Cuando un rayo de luz se encuentra con una superficie irregular y rebota en distintos ángulos.

33. _________________________ Una línea recta que representa una onda de luz.

34. _________________________ Cuando un rayo de luz choca con una superficie lisa y rebota en un solo ángulo.

35. _________________________ Curvo hacia afuera.

36. _________________________ Una pieza de vidrio curva que se usa para refractar la luz.

37. _________________________ Un material que permite que pase la mayor parte de la luz.

38. _________________________ El punto donde las ondas de luz parecen encontrarse después de haber sido reflejadas por un espejo o lente.

39. _________________________ Curvo hacia adentro.

**DATO:** Los cereales como desayuno fueron inventados en 1863 por James Caleb Jackson.

**DÍA 2**

## Completa cada ecuación.

1.  $a + 3a = 1a + 3a = (1 + \underline{\hspace{1cm}}) a$

2.  $(6t + 5t) = \underline{\hspace{1cm}} (6 + 5)$

## Reescribe cada expresión utilizando la propiedad distributiva. No simplifiques.

3.  $4(12 + 15)$ _______________________

4.  $3a + 6b$ _______________________

5.  $(10 + 13)t$ _______________________

6.  $x(6 + 8)$ _______________________

7.  $7r + 8r + 2$ _______________________

8.  $2(5x + 8y)$ _______________________

## Utiliza la propiedad distributiva para simplificar cada expresión.

9.  $7a + a + 15$ _______________________

10.  $k + 5 + 7 + 3k$ _______________________

11.  $2(b + 4) + 8b$ _______________________

12.  $2c + 6c + 9(c + 3)$ _______________________

---

Encierra en un círculo el verbo completo de cada frase. A continuación, escribe *presente progresivo* (present progressive), *pasado progresivo* (past progressive), *futuro progresivo* (future progresive), *presente perfecto* (present perfect) o *futuro perfecto* (future perfect) para describir el tiempo verbal en cada oración.

13.  _______________________ Anna Mason is running for seventh-grade student council representative.

14.  _______________________ Matthew was staying after work for a good reason.

15.  _______________________ My uncle had told his story many times before.

16.  _______________________ The director of marketing will be approving this ad.

17.  _______________________ Larry and Lee have played golf together for years.

18.  _______________________ The trees in our backyard were swaying back and forth during the recent storm.

19.  _______________________ The reporter will be interviewing the eyewitness.

## DÍA 2

**Lee el pasaje. A continuación, responde las preguntas.**

### The Silk Road

The Silk Road was not really a road, nor was it made of silk. The Silk Road refers to a network of trade routes leading from Asia to the West. Many people, including Italian adventurer Marco Polo, traveled along these routes. They often traded goods, such as silk and spices from China, and gold and silver from Italy. However, few people traveled the entire distance of the Silk Road because it was several thousand miles long and very dangerous. The routes covered challenging terrain, such as deserts and mountains, and there was always the danger of meeting bandits. People traded with each other along the way and took goods with them to others farther along the route. In addition to goods, people also traded ideas and inventions along the Silk Road. Travelers even brought such technological innovations as the magnetic compass from Asia to the West.

20. What is the main idea of this passage?
    A. Many people traded goods and ideas along the Silk Road.
    B. The Silk Road was long and dangerous.
    C. Marco Polo traveled along the Silk Road.

21. What was the Silk Road? _______________________________________________

    _______________________________________________________________________

22. What did people trade along the Silk Road? _______________________________

    _______________________________________________________________________

23. Why did few people travel the entire distance of the Silk Road? ____________

    _______________________________________________________________________

24. Write one technological innovation that was brought from Asia to the West.

    _______________________________________________________________________

*Ve la página ii

**Encuentra el valor de cada variable.**

1. $3x - 23 = 13$

2. $5t + 3 = 18$

3. $6 + 3m = -12$

4. $7k - 56 = -7$

5. $-32 = -6s + 4$

6. $7 + \dfrac{1}{4}r = -17$

7. $101 = 14 + 3d$

8. $-25 = \dfrac{1}{5}h + 5$

9. $8 = -2c + 24$

10. $\dfrac{1}{2}j + 4 = -15$

11. $2p - 5 = -5$

12. $-16 = 12z - 100$

**En las oraciones marcadas con S, subraya dos palabras que sean sinónimos. En las oraciones marcadas con A, subraya dos palabras que sean antónimos.**

13. (S) The gray weather added to Alessandro's melancholy mood, but he knew he would feel less sad once the sun returned.

14. (A) Although Kia and Kellan are twins, Kia is an introverted person, while Kellan is quite sociable.

15. (S) When power went off at the restaurant, the owner tried to placate the irritated customers, but nothing seemed to appease them.

16. (A) Mrs. Kent asked the instructor whether the test was compulsory or voluntary.

17. (A) When you conduct the experiment, what response do you expect the stimulus to create?

18. (S) "I'll need to see a valid driver's license or some other legitimate form of ID," the ticket agent told Dad.

19. (A) We planned to carefully cultivate the garden this summer, but we managed to neglect it after only a few weeks.

## DÍA 3

**Lee cada oración. Encierra en un círculo el significado correcto de la palabra subrayada tal y como es utilizada en la oración.**

20. The farmer made <u>furrows</u> in the earth with the plow.
    - A. deep troughs to plant crops in
    - B. wrinkles in a person's brow

21. My teacher asked me to <u>condense</u> my report to one page.
    - A. change from vapor to liquid
    - B. make shorter or more compact

22. I <u>skimmed</u> the material one more time before the test.
    - A. looked at quickly
    - B. glided across

23. We were asked to <u>refrain</u> from talking during the assembly.
    - A. avoid
    - B. repeated part of a song

24. The city's new development <u>sprawls</u> over many miles.
    - A. lies down
    - B. stretches out

**Simplifica cada problema.**

25. $|-12|$ _______________________

26. $-|10|$ _______________________

27. $|0|$ _______________________

28. $|-13| + |-12|$ _______________________

29. $|-14| - |5|$ _______________________

30. $-|-15|$ _______________________

**DATO:** La Tierra tiene un diámetro de 7 926 millas (12 756 km).

Utiliza el Internet para investigar sobre la elaboración de compostaje para el jardín. Busca diferentes métodos utilizados para hacer composta. Escribe un párrafo en inglés que explique cada método. Utiliza una oración con una idea principal sobre el tema y detalles de apoyo en las demás oraciones. Utiliza otra hoja si necesitas más espacio.

---

Una oración *compuesta-compleja* (compound-complex sentence) contiene dos o más cláusulas independientes y una o más cláusulas dependientes. Encierra en un círculo las cláusulas independientes de cada oración. Subraya la cláusula dependiente.

1. Even though they were exhausted from their long day, the seventh graders held a dance that night, and the eighth graders saw a play.

2. Isaac Newton described the relationship between force, mass, and acceleration, and he made discoveries in optics and mathematics, to name just a few of his contributions to science.

3. Nikki has learned some computer coding, but she also wants to study graphic design, which is being taught at the community center this winter.

4. After a huge victory last week, the Jayhawks are a favorite in today's game, so a trip to the playoffs could be in their future.

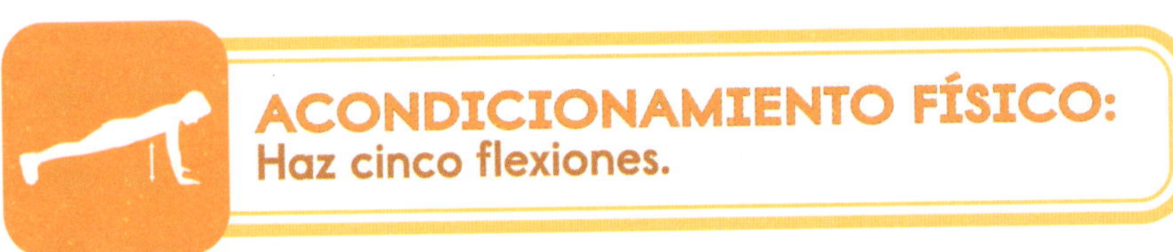


*Ve la página ii

## DÍA 4

**Empareja cada palabra raíz de la primera columna con su significado en la segunda columna. Utiliza un diccionario si necesitas ayuda.**

| | |
|---|---|
| *meter* as in *thermometer* | large, powerful |
| *scope* as in *stethoscope* | measure |
| *struct* as in *construction* | angle |
| *dict* as in *dictation* | stars, space |
| *astro* as in *astronomer* | time |
| *mega* as in *megaphone* | little, tiny |
| *chron* as in *chronology* | view |
| *min* as in *miniscule* | build |
| *gon* as in *polygon* | speak |

## Práctica de la plancha

Tener músculos y huesos fuertes es importante para el bienestar físico y la salud en general. Fortalece tus brazos, espalda, muñecas y abdomen con la postura de yoga llamada plancha.

Aunque pueda parecer fácil, esta postura de yoga puede ser muy desafiante, así que empieza despacio. Comienza por acostarte boca abajo. Coloca las manos junto a los hombros con las palmas apoyadas en el piso. Levántate en posición de flexión de brazos. Alinea la cabeza y el cuello con la espalda y mantén la espalda recta. Los hombros deben estar directamente por encima de los codos. Ahora, aprieta el abdomen. Si te resulta demasiado difícil, baja las rodillas al piso. Recuerda respirar. Mantén la postura durante 10 segundos. A continuación, baja lentamente a la posición inicial. Repite esta actividad dos o tres veces.

*Ve la página ii

**Encuentra el área y el *perímetro* (perimeter) de cada *polígono* (polygon). Muestra tu trabajo en una hoja aparte.**

1.

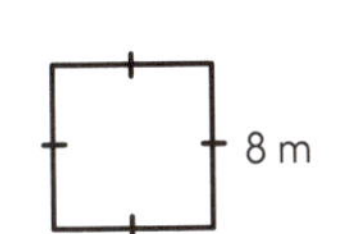


A= _____________     P= _____________

2.

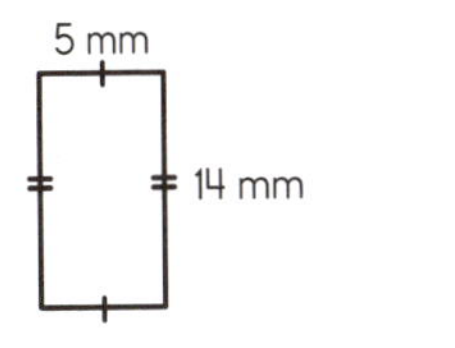


A= _____________     P= _____________

3.

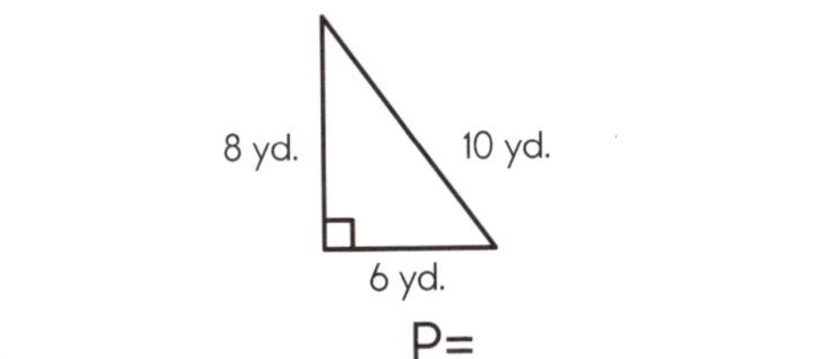


A= _____________     P= _____________

4.

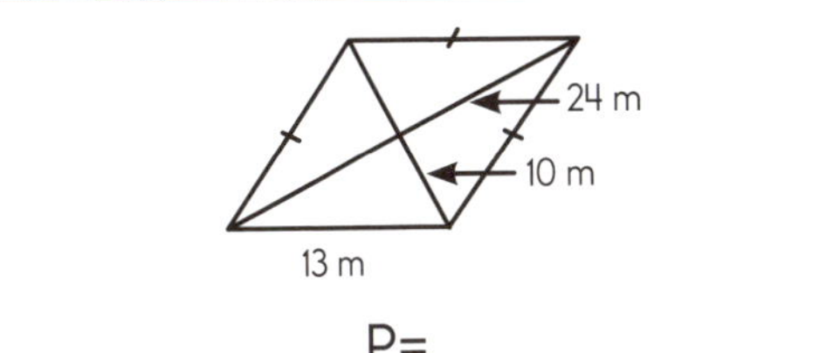


A= _____________     P= _____________

5.

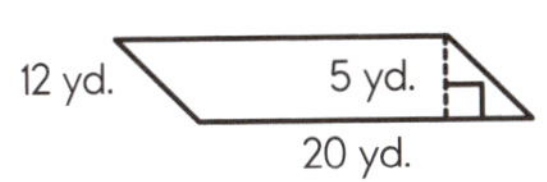


A= _____________     P= _____________

6.

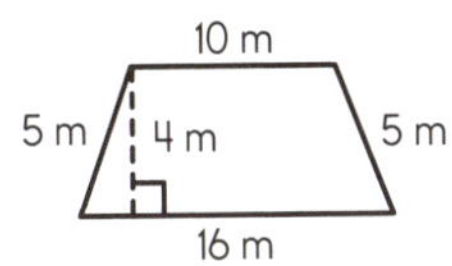


A= _____________     P= _____________

**Subraya el(los) sujeto(s) de cada oración. Luego, encierra en un círculo el verbo que complete correctamente cada oración.**

7. Kiley (brings, bring) her pet lizard to school every year for "Pets on Parade Week."

8. Gretchen (goes, go) home every weekend to see her parents.

9. Carlos and Ben (has been, have been) friends since third grade.

10. A statue of Barbara Johns (stands, stand) on capital grounds in Virginia.

11. Two professional baseball teams (calls, call) New York City their home.

12. Trail Ridge Road (winds, wind) its way through Rocky Mountain National Park.

13. The questions (was, were) difficult for the candidate.

14. The president and vice president (runs, run) as a team while in a presidential election.

## DÍA 5

**Lee el pasaje. A continuación, responde las preguntas.**

### Jackie Robinson (1919–1972)

Jackie Robinson's interest in sports began early in his life. He attended college at UCLA and lettered in baseball, basketball, football, and track. When Robinson, who was an African American player, was growing up, sports teams were **segregated**. Black athletes and white athletes could not play together. Only white players were allowed to be on professional sports teams.

Jackie Robinson pioneered racial integration in professional sports. In 1947, he joined the Brooklyn Dodgers, a baseball team in New York. Many fans were angry that an African American was on the team. Some wrote threatening letters; others mocked Robinson on the field. Some players did not want him on the team. But, he did not give up; he kept playing. He did so well his first season that he was named Rookie of the Year.

In the 10 years that Jackie Robinson played for the Dodgers, the team won six National League pennants and played in the World Series. Robinson retired in 1956, later raising money for the National Association for the Advancement of Colored People (NAACP) and speaking for the rights of African Americans. He also was elected to the Baseball Hall of Fame. Robinson broke the color barrier in major league baseball, which opened the sports world to other African American players.

15. Choose a good title for this passage.
    A. Breaking the Color Barrier in Sports   B. A Great Baseball Player
    C. Jackie Robinson's College Years   D. Rookie of the Year

16. What does the word *segregated* mean in the story?
    A. forced to play together   B. divided into teams
    C. kept apart by race   D. mixed together

17. What is the purpose of the second paragraph in the passage? How does the author support that purpose? _______________________________

_______________________________

18. Why was Robinson's baseball career important? _______________________________

_______________________________

> **PRUEBA DE CARÁCTER:** Haz una lista de cinco cosas que puedas hacer en casa y que demuestren cooperación. Publica la lista e invita a los miembros de tu familia a completarla.

**Encuentra el *volumen* (volume) de cada *sólido* (solid). Redondea a la centésima más cercana. Muestra tu trabajo en una hoja aparte.**

1.
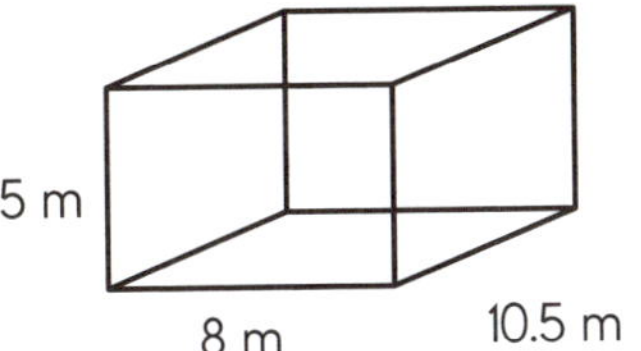


V = _____________

2.
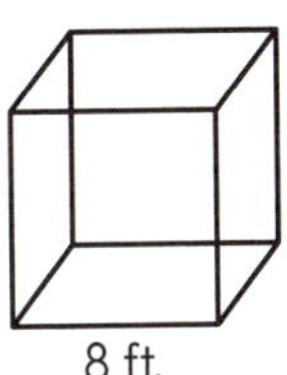


V = _____________

3.
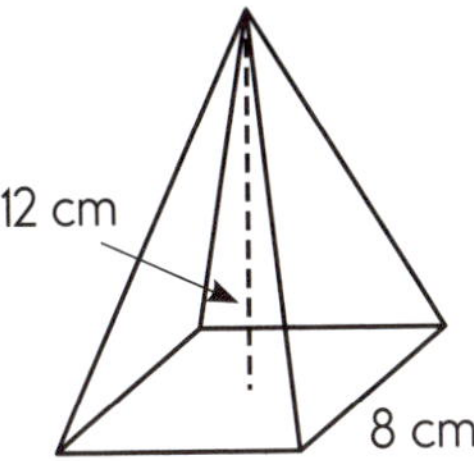


V = _____________

4.
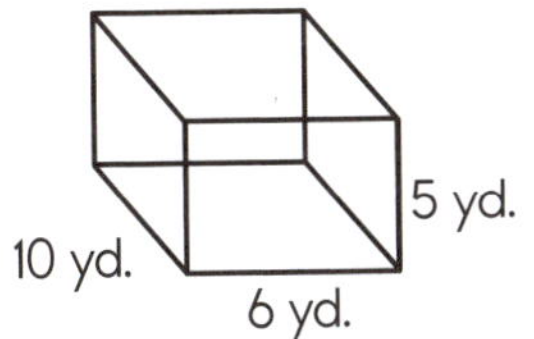


V = _____________

5.
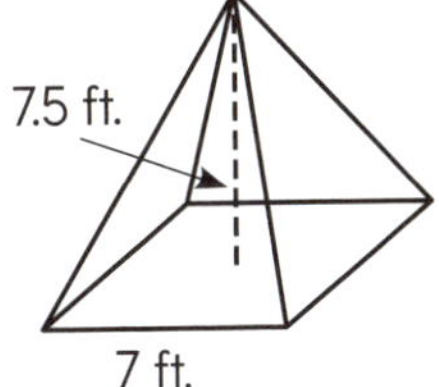


V = _____________

6.
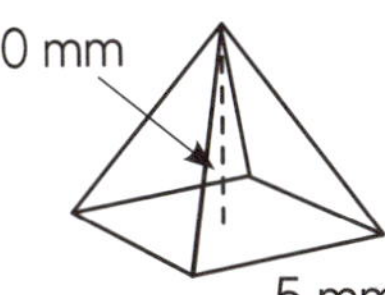


V = _____________

**Encierra en un círculo la letra de la palabra de cada fila que está mal escrita. Escribe la ortografía correcta en la línea.**

| | | | | | | | |
|---|---|---|---|---|---|---|---|
| 7. | A. | agile | B. | dwindel | C. | biscuit | ___________ |
| 8. | A. | mildew | B. | forfiet | C. | gorgeous | ___________ |
| 9. | A. | surgeon | B. | caustic | C. | asteriks | ___________ |
| 10. | A. | emphasize | B. | rigerous | C. | conjugate | ___________ |
| 11. | A. | specimen | B. | forage | C. | aquaint | ___________ |
| 12. | A. | dismall | B. | amnesty | C. | succumb | ___________ |
| 13. | A. | centenial | B. | accomplice | C. | exhaust | ___________ |
| 14. | A. | suburban | B. | analagy | C. | cafeteria | ___________ |
| 15. | A. | occasion | B. | strength | C. | redundent | ___________ |
| 16. | A. | austeer | B. | embellish | C. | precaution | ___________ |
| 17. | A. | eficient | B. | notorious | C. | acquire | ___________ |
| 18. | A. | concede | B. | legible | C. | capasity | ___________ |

## DÍA 6

**Encierra en un círculo la palabra que complete correctamente cada analogía.**

19. Stiff is to flexible as empty is to _____________________ .

    A. low          B. rigid

    C. full         D. elastic

20. Glass is to transparent as wood is to _____________________ .

    A. clear        B. opaque

    C. pine         D. fragile

21. Waltz is to dance as oak is to _____________________ .

    A. acorn        B. tree

    C. pine         D. tango

22. Laugh is to tickle as shiver is to _____________________ .

    A. cold         B. bored

    C. giggle       D. amused

23. Star is to galaxy as word is to _____________________ .

    A. universe     B. alphabet

    C. planet       D. dictionary

24. Thrifty is to cheap as smart is to _____________________ .

    A. dull         B. foolish

    C. gullible     D. brilliant

25. A chapter is to a book as an act is to a _____________________ .

    A. novel        B. comedy

    C. play         D. sitcom

26. Precise is to exact as lively is to _____________________ .

    A. energetic    B. listless

    C. inaccurate   D. quick

---

**Escribe en inglés cómo ha cambiado la vida cotidiana en el último siglo gracias a la tecnología. Utiliza detalles y ejemplos específicos para explicar cómo estos avances tecnológicos han cambiado la vida cotidiana.**

_______________________________________________

_______________________________________________

_______________________________________________

_______________________________________________

_______________________________________________

_______________________________________________

## DÍA 7

**Resuelve cada proporción. Utiliza los productos cruzados.**

1. $\dfrac{1}{4} = \dfrac{x}{8}$

2. $\dfrac{20}{30} = \dfrac{5}{d}$

3. $\dfrac{18}{24} = \dfrac{12}{l}$

4. $\dfrac{80}{m} = \dfrac{48}{20}$

5. $\dfrac{5}{5} = \dfrac{5n}{5}$

6. $\dfrac{15}{45} = \dfrac{3}{t}$

7. $\dfrac{1.8}{v} = \dfrac{3.6}{2.8}$

8. $\dfrac{8}{z} = \dfrac{5}{2}$

9. $\dfrac{8}{6} = \dfrac{s}{27}$

10. $\dfrac{144}{6} = \dfrac{6c}{6}$

11. $\dfrac{r}{3} = \dfrac{8}{8}$

12. $\dfrac{36}{12} = \dfrac{b}{6}$

13. $\dfrac{0.14}{0.07} = \dfrac{k}{1.5}$

14. $\dfrac{6}{w} = \dfrac{6}{4}$

15. $\dfrac{4}{5} = \dfrac{f}{5}$

16. $\dfrac{16}{48} = \dfrac{h}{50}$

**Resuelve cada desigualdad y grafica su solución.**

17. $15 \times x \le 15$

18. $h \div 6 < -12$

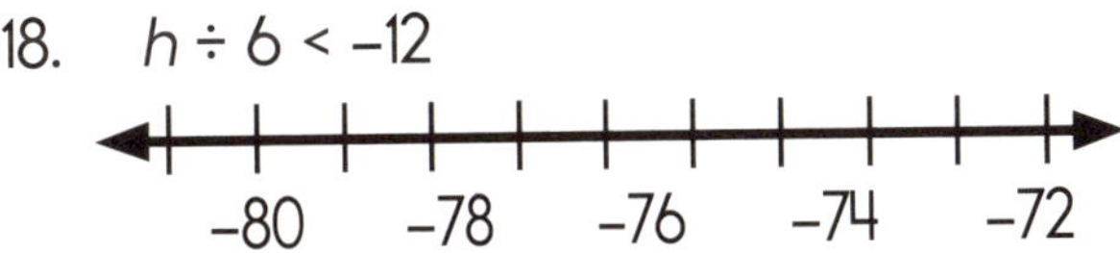

19. $-10a < -70$

20. $n \div 2 \ge 2$

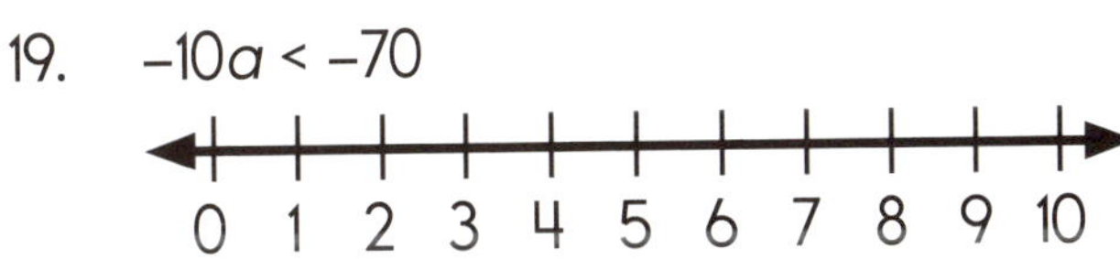

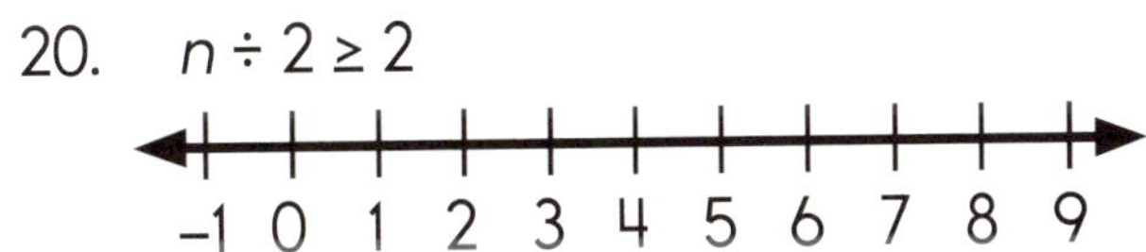

## DÍA 7

Compara los dos conjuntos de datos. Examina la distribución y encuentra las medidas de tendencia central en cada uno. A continuación, escribe varias frases que comparen los conjuntos.

| Número de libros leídos en el verano | |
| --- | --- |
| Homeroom A (Salón de clases A) | Homeroom B (Salón de clases B) |
| 5, 9, 10, 15, 4, 3, 0, 9, 6, 7, 1, 2, 5, 10 | 6, 5, 7, 4, 8, 9, 9, 5, 10, 12, 15, 3, 0, 6 |

_______________________________________________

_______________________________________________

_______________________________________________

_______________________________________________

_______________________________________________

Lee el primer par de palabras. Haz el siguiente par tomando la segunda palabra del par anterior y combinándola con una nueva palabra del banco de palabras. Los pares deben combinarse para formar una palabra compuesta o un par de palabras que se utilizan juntas con frecuencia. El objetivo es llegar a la última pareja de palabras proporcionada.

| ball | dragon | finger | fly | snap |
| --- | --- | --- | --- | --- |
| dragon | finger | fly | ring | snap |

21. key, ring

22. _______________________________

23. _______________________________

24. _______________________________

25. _______________________________

26. _______________________________

27. ball, game

*Ve la página ii

**DÍA 8**

**Resuelve cada problema. Redondea cada respuesta con dos decimales.**

1. Si 3 pies cuadrados de tela cuestan 3.75 dólares, ¿cuánto costarían 7 pies cuadrados?

2. Una botella de jabón de 12 onzas cuesta 2.50 dólares. ¿Cuántas onzas habría en una botella que cuesta 3.75 dólares?

3. Cuatro libras de manzanas cuestan 5 dólares. ¿Cuánto costarían 10 libras de manzanas?

4. Una lata de limonada de 12 onzas cuesta 1.32 dólares. ¿Cuánto costaría una lata de limonada de 16 onzas?

5. Una caja de 32 libras de melones cuesta 24.40 dólares. ¿Cuánto costaría una caja de 12 libras?

6. Si un pavo de 10 libras cuesta 20.42 dólares, ¿cuánto cuesta un pavo de 21 libras?

**Variar la longitud de las oraciones te ayudará a mantener la atención del lector. Combina cada par de oraciones en una sola que retenga toda la información importante.**

7. Kelly worked for years as a consultant for Harnquist and Beckman. She now has her own consulting firm. ______________________________

______________________________

8. Lake Powell occupies parts of both Arizona and Utah. It is the largest lake in either state. ______________________________

______________________________

9. We had box seats in the front row. We could put our drinks on top of the Cardinal's dugout. ______________________________

______________________________

## DÍA 8

**Lee el pasaje. A continuación, responde las preguntas.**

### What's in a Coral Reef?

A coral reef is like a complex city that supports a dazzling array of life almost as diverse as that of a rain forest. The architects of these underwater habitats are animals called *coral polyps.* Usually no bigger than peas, coral polyps look like tiny, colorful flowers.

Coral polyps extract calcium from seawater and convert it to limestone. The limestone forms little cups of rock to support their soft bodies. Each polyp attaches to its neighbor with the skeleton formed by its outer skin, forming coral colonies. As polyps grow, they build new cup skeletons on top of old ones. Limestone formations built by millions of coral polyps are called *coral reefs.* Structures formed by the polyps may be branches, cups, ripples, discs, fans, or columns. Each kind of coral grows in a specific pattern.

Densely populated coral reefs provide habitats for an amazing **diversity** of marine life, including neon-colored fish, moray eels, soft corals, sponges, tube worms, barracuda, sharks, starfish, manta rays, sea turtles, lobsters, crabs, and shrimp.

Coral fossils indicate that coral reefs have existed for millions of years. The solid appearance of reefs might lead us to think that they are permanent. However, coral reefs are fragile, carefully balanced ecosystems that are easily threatened. A change in the temperature, water quality, or light can kill the coral polyps.

Some destruction of coral reefs may result from these natural causes, but humans cause the greatest damage to reefs. Once a reef is damaged, it may never recover, and the entire coral community may be lost.

10. Why are coral reefs described as complex cities? _______________________

    _______________________________________________________________________

11. Which of the following best defines the word *diversity?*
    A.  a home for marine animals       B.  a variety
    C.  a school of brightly colored fish       D.  a specific pattern

12. The diversity of coral reefs is second only to the diversity found in ____________.

13. Why do polyps extract calcium from seawater? ____________________________

14. Based on the selection, what is the author's point of view on coral reefs?

    _______________________________________________________________________

15. What distinction does the author make between the solid appearance of coral reefs and their actual status? __________________________________________

## DÍA 9

**Escribe una proporción para representar cada problema. Resuelve la proporción.**

1.  ¿Qué porcentaje de 90 es 45? _______________________________
2.  ¿Qué porcentaje de 100 es 19? _______________________________
3.  ¿Cuál es el 75% de 60? _______________________________
4.  ¿El 35% es 7 de qué número? _______________________________
5.  ¿El 62% de qué número es 9.5? _______________________________
6.  ¿El 60% de qué número es 50.4? _______________________________
7.  ¿7 de 28 es qué porcentaje? _______________________________
8.  ¿90 es el 100% de qué número? _______________________________
9.  ¿Cuál es el 72% de 54? _______________________________
10. ¿Qué porcentaje de 132 es 76.56? _______________________________

**Identifica a qué parte de la oración corresponde cada palabra subrayada. Escribe _P_ de _pronombre_ (pronoun) o _A_ de _adjetivo_ (adjective).**

11. _______ This is <u>my</u> best friend.
12. _______ Hiro will buy <u>whichever</u> is left.
13. _______ Emma can buy <u>any</u> book she wants.
14. _______ Was Bob interested in <u>them</u>?
15. _______ <u>This</u> is my favorite flavor of ice cream.
16. _______ Martina ate <u>some</u> of these carrots with dip.
17. _______ <u>Those</u> girls read _Wuthering Heights_ this summer.
18. _______ <u>Each</u> found a seat in the theater.
19. _______ <u>Those</u> weren't on the shelf.
20. _______ Cheryl doesn't want <u>any</u>, but McKenna would like a brownie.

**DATO:** La Gran Barrera de Coral de Australia puede verse desde el espacio exterior.

## DÍA 9

**Lee cada oración. Utiliza las pistas de contexto para determinar la definición de cada palabra en negrita. Luego, escribe la letra de la definición correcta en la línea.**

21. _______ My **initial** impression was that soccer was a difficult game, but I soon changed my mind.

22. _______ The **narrator** of the documentary spoke in a very soft voice.

23. _______ Volunteers distributed **pamphlets** listing ways that people could help the environment.

24. _______ We will **implement** our new plan next week.

25. _______ I have a strong **hunch** that it will snow tomorrow.

26. _______ Mom is good at **motivating** me to try to do well.

27. _______ Last year, we moved from a rural area to a **metropolitan** region.

28. _______ Candace **excels** at math and science.

A. put into action

B. first, or at the beginning

C. area around and including a city

D. someone speaking

E. inspiring

F. small, printed papers

G. feeling or guess

H. does well

## Demostrando integridad

*Integridad* significa tener principios morales sólidos y ser decente, honesto y sincero. Selecciona una de las siguientes situaciones. Dibuja dos tiras cómicas de cuatro paneles para mostrar las posibles consecuencias de demostrar y de no demostrar integridad.

- Estás en el cine con tus amigos. Mientras estás en la fila del puesto de comida, te das cuenta de que no tienes suficiente dinero para comprar todo lo que quieres. Te das cuenta de que a una persona que está delante de ti se le cayó, sin saberlo, un billete de cinco dólares al suelo.

- Te diviertes nadando con tu mejor amigo y otros buenos amigos del colegio. Tu mejor amigo quiere quedarse más tiempo y tú también quieres quedarte. Sin embargo, prometiste ayudar a tus abuelos con un proyecto ese mismo día. Si te quedas en la piscina con tus amigos, no podrás ayudar a tus abuelos

**ACONDICIONAMIENTO FÍSICO: Haz 10 sentadillas.**

*Ve la página ii.

Encuentra el *área* (area) y el *perímetro* (perimeter) de cada triángulo. Muestra tu trabajo en una hoja aparte.

1. 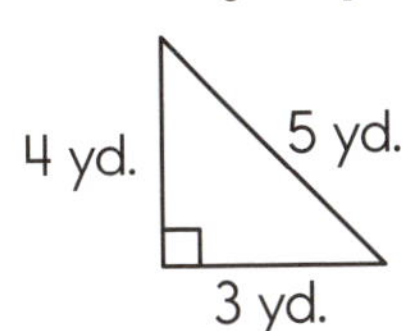


A= _____    P= _______

2. 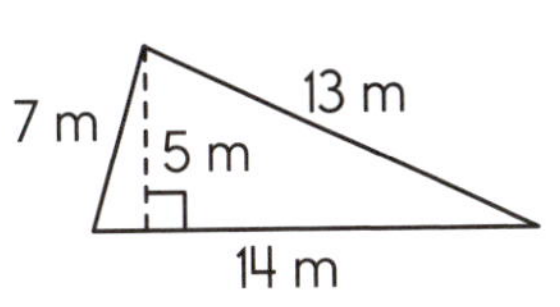


A= _____    P= _______

3. 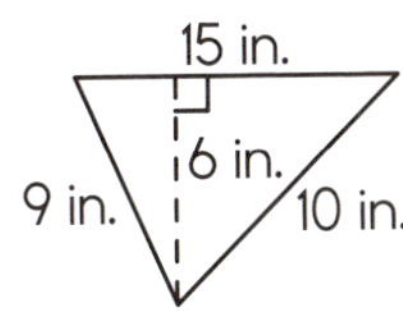


A= _____    P= _______

4. 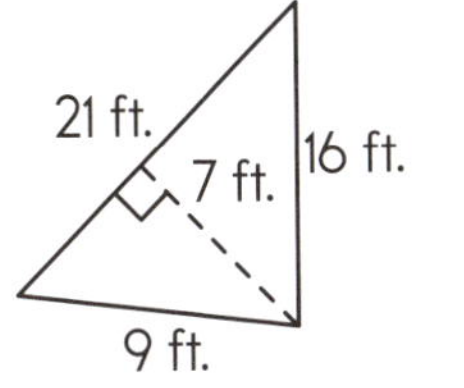


A= _____    P= _______

5. 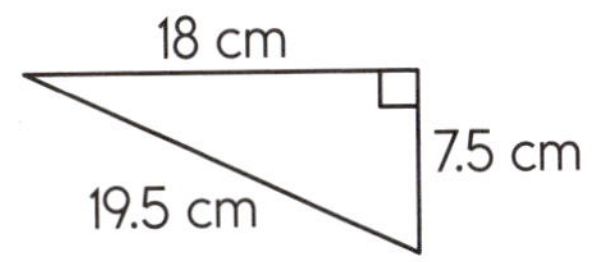


A= _____    P= _______

6. 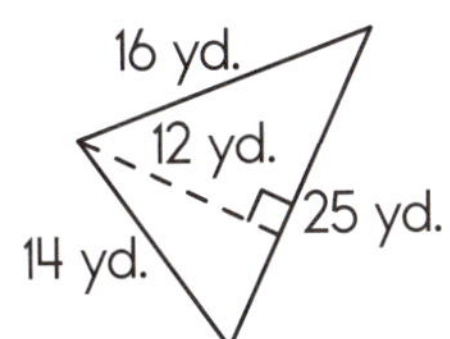


A= _____    P= _______

7. 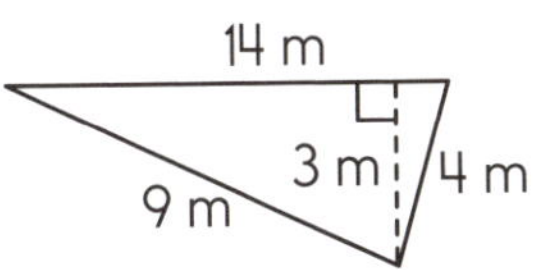


A= _____    P= _______

8. 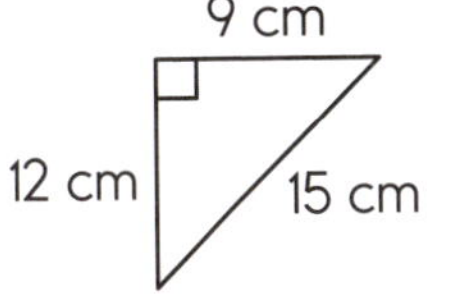


A= _____    P= _______

9. 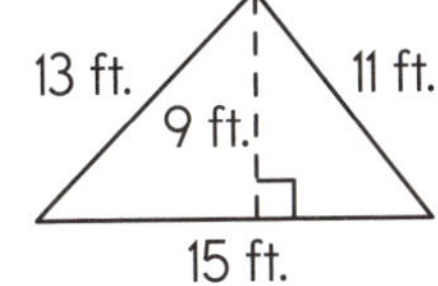


A= _____    P= _______

Un *participio* (participle) es una palabra formada a partir de un verbo que puede utilizarse como adjetivo. El *participio presente* (present participle) se forma añadiendo *-ing*. El *participio de pasado* (past participle) se forma añadiendo *-ed*. Subraya el participio en cada oración. Escribe en la línea *PR* si es participio presente y *PA* si es participio pasado.

**EJEMPLO:**    __PA__ After cooking the garlic, place the <u>chopped</u> carrots in the pan.

__PR__ Kyle went to see what his <u>giggling</u> cousins were up to.

10. _______ The roller coaster's twisting track rose high over the park.

11. _______ Grandma and I sipped lemonade on the covered porch.

12. _______ The trampled leaves show where a deer rested for the night.

13. _______ My friend Bradley and I invented a jumping game to play on his family's trampoline.

14. _______ After the water fight, broken balloons littered the yard.

## DÍA 10

Lee cada oración. Utiliza las pistas de contexto para determinar la definición de cada palabra en negrita. Luego, escribe la letra de la definición correcta en la línea.

15. _________ Ms. Yang **demonstrated** the experiment.

16. _________ My brother and I **typically** spend each summer at our grandmother's house.

17. _________ The sportscaster **predicted** that the visiting team would win the game.

18. _________ My **schedule** includes activities every day after school.

19. _________ The coach asked us to keep our plans **flexible** in case our team made the play-offs.

20. _________ Eating a variety of foods **nourishes** the body.

21. _________ Mom fixed the **mechanism** so that she could move the garage door up and down.

22. _________ The jury had reached a **verdict**.

A. foretold

B. mechanical device

C. showed how to do

D. changeable

E. provides nutrients for

F. usually

G. decision

H. plans

---

Elige del banco de palabras la palabra que corresponda a cada descripción.

| | | |
|---|---|---|
| litosfera<br>manto | núcleo externo<br>atmósfera | núcleo interno<br>corteza |

23. _________ Capa de hierro y níquel fundidos que rodea el núcleo interno.

24. _________ Capa más fina y externa de la Tierra; su grosor oscila entre 3 millas (5 km) y 62 millas (100 km).

25. _________ Capa de material sólido y caliente entre la corteza y el núcleo. de la Tierra.

26. _________ Capa rígida formada por la corteza y la parte más externa del manto.

27. _________ Esfera densa de hierro y níquel sólidos en el centro de la Tierra.

28. _________ Capa blanda del manto sobre la que flotan lentamente pedazos de litosfera.

**PRUEBA DE CARÁCTER:** Busca la palabra *responsable* en un diccionario. ¿Tú cómo demuestras responsabilidad?

Un *número racional* (rational number) puede expresarse como un cociente o una fracción. Cuando se convierte en un decimal, sus dígitos terminan en 0 o se repiten. Un *número irracional* (irrational number) no puede expresarse como un cociente. Cuando se transforma en decimal, sus dígitos continúan sin repetirse. Escribe *R* si el número es racional. Escribe *I* si el número es irracional.

1. $-12$ _____________

2. $8^2$ _____________

3. $\dfrac{3}{7}$ _____________

4. $\sqrt{49}$ _____________

5. $14.57849$ _____________

6. $12.3\overline{3}$ _____________

7. $\sqrt{2}$ _____________

8. $-3.22$ _____________

9. $8.234782649\ldots$ _____

10. $\pi$ _____________

11. $\sqrt{144}$ _____________

12. $\dfrac{-4}{5}$ _____________

Elige del banco de palabras la letra de la palabra que corresponde a cada descripción.

| | | | |
|---|---|---|---|
| A. conflict | B. foreshadowing | C. irony | D. dialogue |
| E. imagery | F. point of view | G. hyperbole | H. personification |
| I. setting | J. allusion | | |

13. ________ the struggle within a story

14. ________ a reference to a person, place, or event

15. ________ spoken conversation between characters

16. ________ exaggeration for effect

17. ________ hints or clues about what might happen later

18. ________ giving human qualities to animals or objects

19. ________ the perspective from which a story is told

20. ________ the time and place in which a story occurs

21. ________ using words that mean the opposite of what one intends

22. ________ descriptive language that forms vivid mental pictures

**ACONDICIONAMIENTO FÍSICO: Haz 10 zancadas.**

*Ve la página ii.

## DÍA 11

**Lee el siguiente fragmento. A continuación, responde las preguntas.**

### Molly Pitcher

Molly ran quickly and carefully through the battlefield, following the empty spaces between wounded soldiers scattered across the ground. As Molly passed the injured men, several reached out in request for water, but her destination was the front lines. She knew that others—including a doctor—would tend to the needs of the fallen soldiers on the battlefield.

Up ahead, through the smoke and dust, Molly could make out the silhouettes of men scrambling to and fro among the cannons. With her pitcher in hand, Molly rushed up to one of the cannons.

"Look out!" a soldier yelled. A British cannonball rocketed across the ground and passed inches from Molly's feet. She hardly flinched as it flew by. She had learned early on to have steady nerves.

As bullets whizzed by, Molly handed the pitcher to the nearest soldier. He drank thirstily, and then the pitcher was handed off to the next man. After the team had drunk their fill, the remaining water was dumped into a bucket. The cannon would need cooling as well.

Suddenly, Molly heard a man call her name. She turned to see that her husband, William, had fallen to the ground. As another soldier tended to him, Molly understood what it meant. Six men were needed to operate a cannon; now they were one short.

Molly didn't hesitate. She had watched men operating cannons for weeks—she knew exactly how they worked—so she jumped in with her husband's team. A female soldier was unheard of, but at that moment, the men hardly gave it a thought. Soon the cannon was firing again, and that was all that mattered.

23. Write two sentences describing Molly's character. ______________________

______________________

______________________

24. What is the main idea of the story? ______________________

______________________

25. If this story were told from William's point of view, how would it be different? How would it be the same? ______________________

______________________

______________________

## Escribe la letra de cada palabra junto a su definición.

1. _______ Dos ángulos con un lado y un vértice en común.

2. _______ Pares de ángulos que se encuentran fuera de las líneas paralelas en lados opuestos de la transversal.

3. _______ Pares de ángulos que se encuentran entre las líneas paralelas en lados opuestos de la transversal.

4. _______ Dos ángulos cuyas medidas son iguales a 180°.

5. _______ La cantidad de espacio dentro de una figura tridimensional (medida en unidades cúbicas).

6. _______ La suma de las áreas de todas las caras de una figura tridimensional.

7. _______ La distancia alrededor de una figura bidimensional cerrada.

8. _______ Los pares de ángulos que aparecen en posiciones correspondientes en los dos conjuntos de ángulos que formaron las líneas paralelas cortadas por la transversal.

9. _______ Ángulos con medidas equivalentes.

10. _______ Dos ángulos cuyas medidas son iguales a 90°.

11. _______ El perímetro de una circunferencia.

12. _______ El espacio de la superficie dentro de una figura cerrada de dos dimensiones (medido en unidades cuadradas).

A. *área* (area)

B. *ángulos congruentes* (congruent angles)

C. *ángulos alternos interiores* (alternate interior angles)

D. *volumen* (volume)

E. *ángulos suplementarios* (supplementary angles)

F. *ángulos complementarios* (complementary angles)

G. *ángulos adyacentes* (adjacent angles)

H. *ángulos exteriores alternados* (alternate exterior angles)

I. *perímetro* (perimeter)

J. *superficie* (surface area)

K. *circunferencia* (circumference)

L. *ángulos correspondientes* (corresponding ancles)

## Identifica la palabra subrayada de cada oración. Escribe ADJ para *adjetivo* (adjective) y ADV para *adverbio* (adverb).

13. _______ April answered the questions as accurately as she <u>possibly</u> could.

14. _______ The center, Rex, is the <u>tallest</u> player on our basketball team.

15. _______ Miss Gray's test today was the most <u>difficult</u> one she has given all year.

16. _______ His cousin is a reporter who appears <u>nightly</u> on a local news show.

17. _______ How <u>quickly</u> does our new employee type on his computer?

18. _______ Tonight <u>probably</u> will be a great night to see the meteor shower.

19. _______ Do you think that the World Wide Web was the <u>most</u> useful technological invention of the 20th century?

**Lee el pasaje. A continuación, responde las preguntas.**

## The Science of Sleep

Every living creature needs sleep. You may not realize it, but many important things happen to your body and mind during sleep. While you sleep, your heart, lungs, muscles, nervous system, digestive system, and skeletal system rest and prepare for another day. Your body repairs itself during this time. Getting enough sleep also helps your body prevent and fight sickness.

Insufficient sleep results in sleep debt, or an amount of sleep that is owed to your body. Sleep debt affects how you function. People with this deficit may not think that they are sleepy, but they are less able to concentrate or learn new information. They may be irritable, emotional, or have a slower reaction time.

During sleep, your body passes through a five-stage cycle. In the first stage, you are either just beginning to fall asleep or are sleeping lightly. During the second stage, your breathing and heart rate become regular, and your body temperature starts to drop. The third and fourth stages are the deepest, most restful stages of sleep. Throughout these stages, your muscles relax, and your breathing and heart rate become slow and regular. During the fifth and final stage of sleep, your brain gets the critical rest that it needs to function well the next day. During this last stage of sleep, you reach and maintain rapid eye movement (REM), which means that your eyeballs move rapidly under your closed eyelids. REM is also the stage of sleep in which you dream. An entire sleep cycle lasts about 100 minutes and is repeated five or six times every night.

Every individual has his own sleep needs, but researchers have determined that teens need between 8.5 and 9.25 hours of sleep each night to restore full brain function the following day.

20.  Write the main idea of the passage. ___________________________________

_______________________________________________________________________

21.  Underline three details in the passage that support the main idea.

22.  What is the author's purpose in writing this selection? ___________________

_______________________________________________________________________

23.  Based on the selection, do you think the author provides sufficient evidence to support the importance of getting enough sleep? Explain. ___________________

_______________________________________________________________________

_______________________________________________________________________

_______________________________________________________________________

**Reescribe cada expresión de multiplicación o división utilizando una base y un exponente. A continuación, evalúa la expresión.**

1. $6^3 \times 6^{-2} =$ _________ = _________

2. $2^4 \times 2^2 =$ _________ = _________

3. $5^{-3} \div 5^{-6} =$ _________ = _________

4. $3^3 \times 3^2 =$ _________ = _________

5. $7^4 \div 7^5 =$ _________ = _________

6. $10^7 \div 10^4 =$ _________ = _________

7. $10^3 \times 10^5 =$ _________ = _________

8. $6^3 \times 6^{-2} =$ _________ = _________

9. $4^{-5} \div 4^{-8} =$ _________ = _________

10. $8^2 \times 8^2 =$ _________ = _________

11. $11^3 \div 11^5 =$ _________ = _________

12. $2^2 \times 2^{-8} =$ _________ = _________

**Cuando el sujeto de una oración realiza la acción, el verbo está en voz *activa* (active voice). Cuando el peso no recae en el sujeto de una oración, el verbo está en *voz pasiva* (passive voice). Vuelve a escribir cada oración en voz activa.**

13. I was fascinated by the movie *The Sound of Music.* ____________________

_______________________________________________

14. The young children in the classroom were entranced by the author's reading.

_______________________________________________

_______________________________________________

15. The toy was chased by Meghan's cat Buffy._______________________

_______________________________________________

16. Lucy was sprayed in the face when she opened the soft drink.

_______________________________________________

_______________________________________________

17. A goal was scored by Andy Rahal of the Crosby Middle School soccer team.

_______________________________________________

_______________________________________________

## DÍA 13

Cuando haces una síntesis de una historia o un artículo, utilizas tus propias palabras para dar solo la información más importante. Escribe en inglés una síntesis de dos oraciones del siguiente fragmento.

### Marsha Finds a Pet

All Marsha ever wanted was a pet of her own. On her 13th birthday, Marsha's mother agreed to let her adopt a puppy. They rode the trolley to the local animal shelter. First, Marsha saw a six-month-old cocker spaniel. The puppy was cute, but it was not quite right for her. Then, Marsha saw a golden-haired collie running in circles and trying to catch his tail. "That's the one!" Marsha exclaimed, laughing excitedly and pointing with great satisfaction. Marsha had found the pet of her dreams.

______________________________________________

______________________________________________

______________________________________________

______________________________________________

## El reto de las sentadas de pared

Las sentadas de pared son una buena forma de aumentar la fuerza en la parte inferior del cuerpo. Empieza por ponerte de pie con la espalda a dos pies (medio metro) de la pared. A continuación, mientras te apoyas en la pared, deslízate hacia abajo doblando las rodillas hasta que tus muslos queden paralelos al piso (en un ángulo de unos 90 grados). Haz de cuenta que estás sentado en una silla imaginaria. Mantén esa posición durante 10 segundos y luego levántate. Vuelve a intentarlo manteniendo la posición por el mayor tiempo posible. Como reto adicional, intenta levantar una pierna a la vez durante unos segundos, mientras mantienes la posición. Establece objetivos mensuales para aumentar el tiempo que permaneces en posición de sentada y disfruta de los beneficios del fortalecimiento de la parte inferior de tu cuerpo.

**DATO:** Solo el 1 por ciento del agua del mundo es potable.

*Ve la página ii.

**Encuentra diversos valores para x y para y que hagan que cada ecuación sea verdadera. Utiliza los valores para crear pares (x, y). Luego, grafica cada relación proporcional.**

1. $y = 2x$

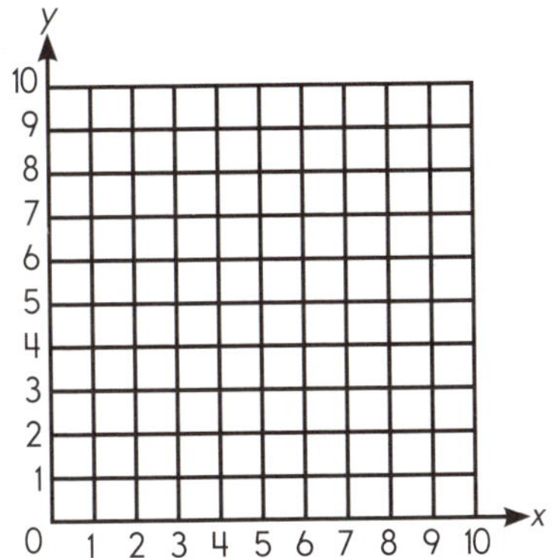

2. $y = \frac{1}{4}x$

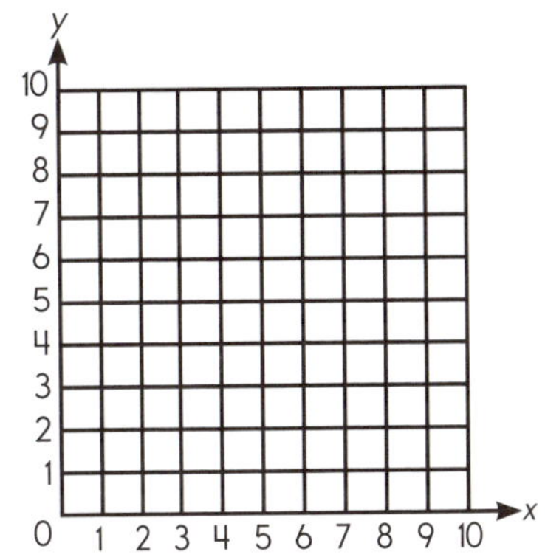

3. $y = 3x$

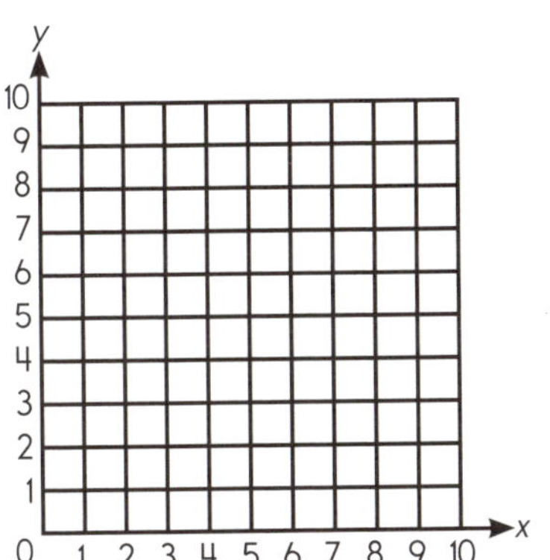

4. $y = \frac{1}{3}x$

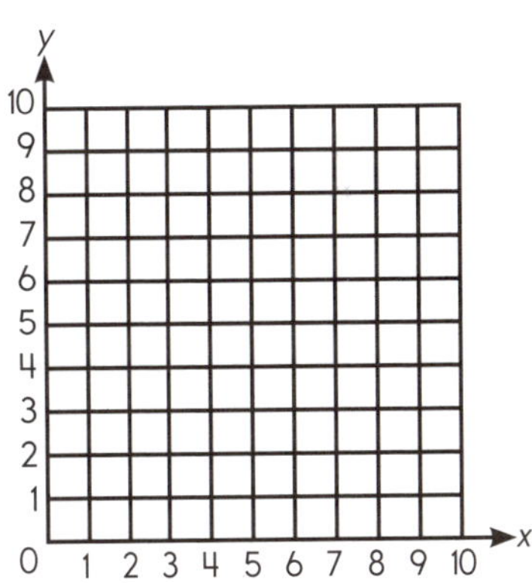

**Una _frase preposicional_ (prepositional phrase) incluye una preposición, su objeto y todas las palabras que modifican al objeto. En cada oración, subraya cada frase preposicional y encierra en un círculo su preposición.**

5. Audrey left her wallet by the phone in the Louisville, Kentucky airport.

6. The mayor's wife enjoyed entertaining people who did business with the city.

7. I cannot possibly complete my report without that information.

8. The bird in the tree is a yellow finch.

9. Jonathan saved enough allowance money to go to the movies.

10. Pete brought his expertise to the booth as a member of the new broadcast team.

11. If you are missing any money, check under the cushions of the sofa.

12. The tunnel followed a path under the two buildings.

13. Marc always orders baked ziti at Italian restaurants.

**Lee el pasaje. A continuación, responde las preguntas.**

## National Parks

National parks are areas of land set aside to preserve wildlife and to offer places where visitors can experience and enjoy natural settings. Laws protect these parks so that people cannot use them to profit, hunt animals, or damage plants in any way.

In the 1800s, fewer than 10 national parks existed in Canada and the United States. Yellowstone, the first U.S. national park, was established in 1872. Yellowstone covers parts of three states. It is famous for its geysers, hot springs, and scenery. Canada established its first national park in 1885. Banff National Park in Alberta sits in the Rocky Mountains and is known for its mountains, its glaciers, its array of wildlife, and Lake Louise.

Eventually, the idea of national parks caught on internationally during the late 1800s and early 1900s. National parks now protect the world's highest mountains, largest waterfalls, and other important natural features on nearly every continent.

Many national parks experience problems protecting their natural environments. Native animals can reproduce rapidly and overpopulate the areas. The large volume of park visitors can make controlling misuse difficult. The huge size of some parks also makes protected animals easy targets for **poachers (cazadores furtivos).**

Even with these problems, national parks are wonderful places to visit. National parks can help people appreciate nature and learn more about the world.

14. What is the main idea of this passage?
    A.   National parks can be found all over the world.
    B.   National parks are places set aside to preserve nature.
    C.   Many plants and animals are safe in national parks.

15. What is Banff National Park known for? ___________________________

    _______________________________________________________________

16. Name two problems facing national parks. ___________________________

    _______________________________________________________________

17. What is Yellowstone National Park famous for? ___________________________

    _______________________________________________________________

18. What is a *poacher?*
    A.   a fried egg          B.   an angry deer          C.   an illegal hunter

19. What is the purpose of the fourth paragraph in the selection?

    _______________________________________________________________

**Como 2 x 2 = 4, la raíz cuadrada de 4 ($\sqrt{4}$) es = 2. Como 2 x 2 x 2 es = 8, la raíz cúbica de 8 ($\sqrt[3]{8}$) es = 2. Identifica la raíz cuadrada o la raíz cúbica.**

1. $\sqrt{169}$ = _______

2. $\sqrt{10,000}$ = _______

3. $\sqrt{81}$ = _______

4. $\sqrt[3]{64}$ = _______

5. $\sqrt[3]{512}$ = _______

6. $\sqrt{625}$ = _______

7. $\sqrt[3]{1,728}$ = _______

8. $\sqrt{225}$ = _______

9. $\sqrt{400}$ = _______

10. $\sqrt[3]{216}$ = _______

11. $\sqrt[3]{27,000}$ = _______

12. $\sqrt{2,500}$ = _______

---

**Una _conjunción copulativa_ (coordinating conjunction) conecta palabras, frases y cláusulas similares. Escribe una conjunción copulativa para completar cada oración.**

13. Roses need excellent drainage, _________________ their leaves will turn yellow.

14. Eugene wanted a pet that was exotic _________________ unusual.

15. It is possible, _________________ it is not very likely.

16. We waited in the terminal for hours, _________________ our connection never arrived.

17. He was born and raised in Ohio, _________________ he now lives in New York.

18. Zoe decides on the itinerary, _________________ Joe makes the travel arrangements.

19. Sam has been driving _________________ making sales calls for weeks.

20. I cannot attend the wedding, _________________ Janet can.

21. Gerald bought celery _________________ onions at the grocery store.

22. Carmen _________________ Mimi registered for classes.

**DATO: Un panda gigante recién nacido pesa entre 3 y 5 onzas (85–142 g).**

## DÍA 15

**Escribe la letra de la palabra que corresponda a cada definición.**

23. _________ a comparison that does not use the words *like* or *as*

24. _________ the formal rhythm of a poem, often used with rhyme

25. _________ a comparison using the word *like* or *as*

26. _________ use of words that start with the same sound

27. _________ a word or phrase that sounds like what it describes

28. _________ use of words that end with the same sound

29. _________ repeated vowel sounds

30. _________ the beat of a poem

31. _________ poetry without a set meter or rhyme scheme

A. alliteration
B. metaphor
C. rhyme
D. assonance
E. meter
F. rhythm
G. free verse
H. onomatopoeia
I. simile

---

**Lee las pistas que describen cada tipo de roca. Del banco de palabras elige la palabra correcta para cada conjunto de pistas.**

| piedra caliza | pizarra | granito | mármol |

32. Soy una roca ígnea.
Soy intrusiva.
Tengo grandes granos minerales.
Debido a mi fuerza, a menudo se me utiliza para hacer lápidas.
¿Qué roca soy? _________

33. Soy una roca sedimentaria.
Estoy hecha de carbonato de calcio.
Me encuentro donde antes había agua.
Cuando el ácido me toca, aparecen burbujas de gas.
¿Qué roca soy? _________

34. Soy una roca metamórfica.
Soy una roca foliada.
Estoy formada por esquisto.
Mis minerales son tan compactos que soy impermeable.
¿Qué roca soy? _________

35. Soy una roca metamórfica.
Soy una roca no foliada.
Estoy formada por piedra caliza.
Los artistas me utilizan a menudo para crear esculturas.
¿Qué roca soy? _________

**PRUEBA DE CARÁCTER:** Al anochecer, reflexiona sobre cómo demostraste lealtad durante el día. ¿Por qué la lealtad es una cualidad importante?

**Utiliza el *teorema de Pitágoras* ($a^2 + b^2 = c^2$) para encontrar la longitud faltante de cada lado. Redondea a la centésima más cercana.**

1. 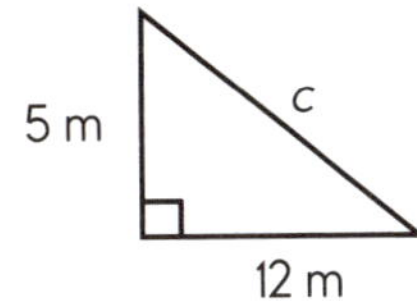


_______________

2. 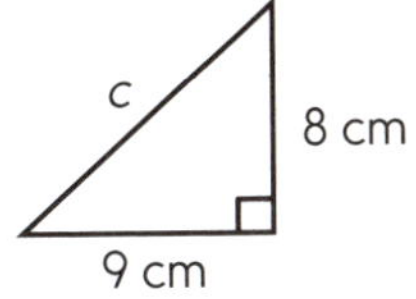


_______________

3. 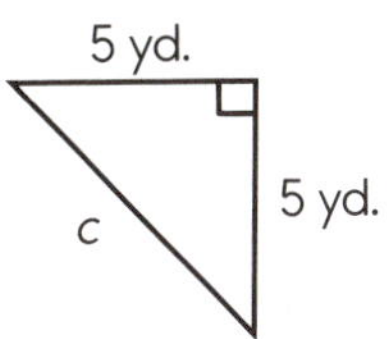


_______________

4. 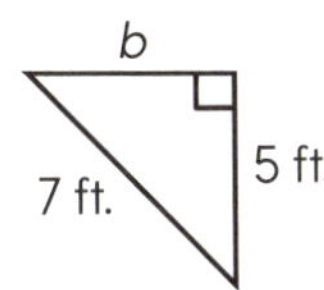


_______________

5. 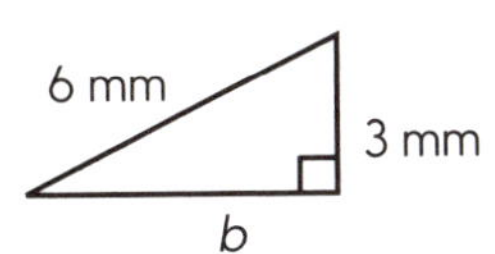


_______________

6. 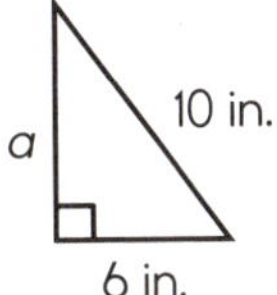


_______________

7. 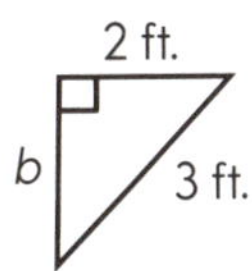


_______________

8. 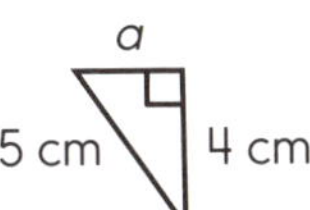


_______________

**Encierra en un círculo la letra del significado correcto de cada raíz griega o latina.**

9. graph (as in *photograph*)  A. sound  B. written  C. far

10. hydr (as in *hydrant*)  A. water  B. good  C. center

11. aud (as in *audible*)  A. hear  B. see  C. again

12. dict (as in *dictate*)  A. body  B. teach  C. say

13. port (as in *transport*)  A. make  B. carry  C. throw

14. spec (as in *inspector*)  A. see  B. shape  C. send

15. uni (as in *unicycle*)  A. move  B. one  C. many

16. micro (as in *microphone*)  A. much  B. first  C. small

## DÍA 16

**Lee el párrafo. Marca con una _X_ la conclusión lógica. Luego, subraya los hechos que te ayudaron a llegar a esta conclusión.**

Mrs. Jackson saw an advertisement in the newspaper that read, "Final Sale. All watches $35. Available while supplies last. Cash only." Mrs. Jackson needed cash, so she went to the bank. The ATM was broken, so she completed a withdrawal slip and gave it to the teller. "I'm sorry," the teller said as he looked at his computer screen. "You only have $25 in your account."

________ Mrs. Jackson bought a watch for $25.

________ The bank teller was mistaken.

________ Mrs. Jackson was unable to buy a new watch.

________ Mrs. Jackson bought a unique clock instead.

**Escribe la letra de cada imperio, civilización o dinastía antigua junto a la frase que la describe. Algunos elementos se utilizarán más de una vez.**

| | | |
|---|---|---|
| A. Grecia antigua | B. Imperio Inca | C. Imperio Maya |
| D. Imperio Romano | E. Dinastía Tang | F. Imperio Babilónico |

17. ________ Este imperio estaba localizado en lo que hoy en día es Perú.

18. ________ Su capital estaba localizada entre los ríos Tigris y Éufrates.

19. ________ Cuzco, la capital de este imperio, tenía jardines, calles pavimentadas y edificios de piedra.

20. ________ La idea de la democracia se originó en este imperio.

21. ________ El rey Hammurabi creó, para su imperio, la primera serie de leyes escritas.

22. ________ En su momento de mayor expansión, controló casi toda Europa y partes de África.

23. ________ Atenas y Esparta eran dos ciudades-estado importantes de esta civilización.

24. ________ Prosperó en América Central de alrededor del 2600 a.C. a cerca del 900 d.C.

25. ________ Más de un millón de personas vivían en Chang'an, su capital.

26. ________ Este fue un periodo de grandes logros culturales en China.

**DATO: Indonesia tiene unas 13 000 islas, la mayoría de las cuales están deshabitadas.**

**Dos figuras son *congruentes* (congruent) si tienen el mismo tamaño y la misma forma, independientemente de cómo estén orientadas. Si una figura se gira, se traslada o se refleja a través de una línea, las dos figuras resultantes son congruentes. Decide si las figuras son congruentes. Escribe *sí* o *no*.**

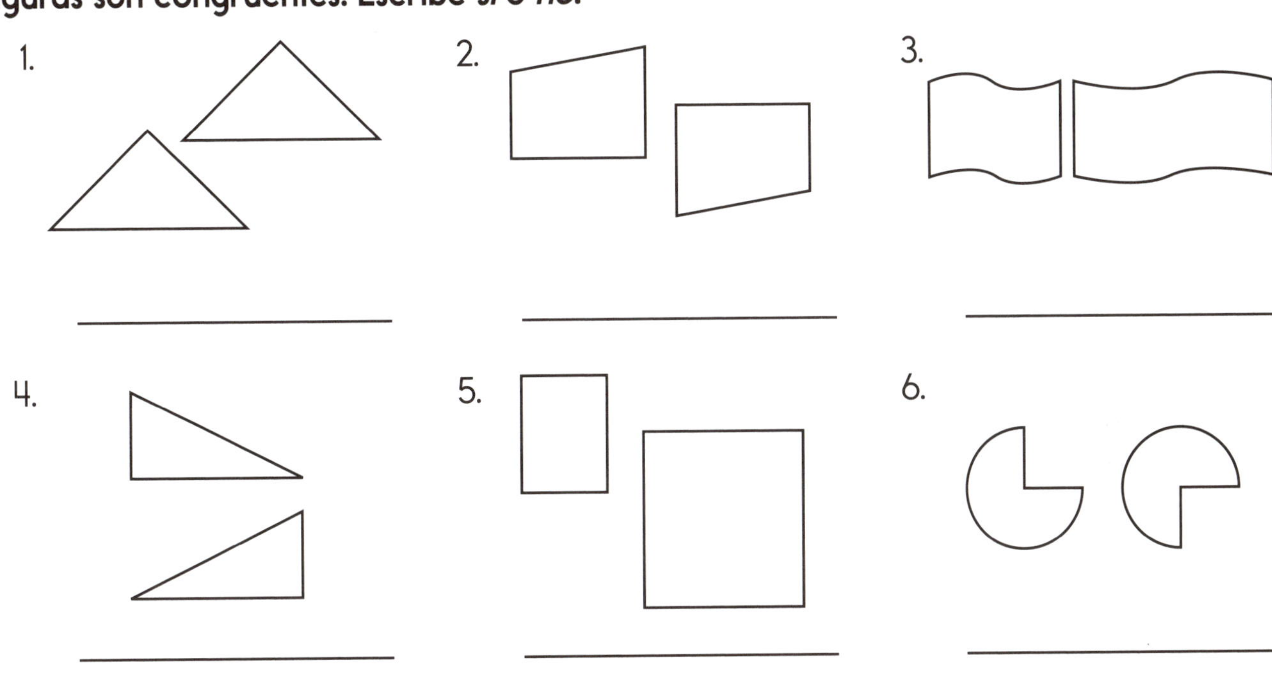

1.

2.

3.

_______________

_______________

_______________

4.

5.

6.

_______________

_______________

_______________

**Las *conjunciones correlativas* (correlative conjunctions) son pares de palabras que unen palabras, frases o cláusulas similares. Las conjunciones correlativas son: *both... and, neither..., nor, whether... or,* y *not only... but* (o *but also*). Escribe las conjunciones correlativas adecuadas para completar cada oración.**

7.  You will need _______________ a pencil _______________ paper.

8.  The toddler drinks _______________ milk _______________ apple juice.

9.  You should ask _______________ Rebecca _______________ Maria.

10. It is hard to imagine how early scientists worked with _______________ scientific equipment _______________ any knowledge of experimentation.

11. _______________ Jim _______________ Brian asked Krystal to dance.

12. I can't decide _______________ I want to see a movie _______________ eat dinner.

13. The menu includes _______________ Italian _______________ French food.

14. _______________ come with me, _______________ I'll go alone.

## DÍA 17

**Lee el pasaje.** A continuación, responde las preguntas.

### Mustangs

The image of horses running freely across the plains is a popular symbol of the American West. However, mustangs are not **indigenous** to the United States. When Spanish armies came to the New World in the sixteenth century, they brought horses with them. Horses had been extinct in the Western hemisphere for about 12,000 years.

The wild horses that now live in the western part of the United States are called *mustangs*. The word comes from the Spanish word *mesteño* meaning *wild* or *stray*. The mustangs' ancestors were Spanish horses that had escaped from Spanish soldiers. American Indian tribes also released horses.

Over many years, the mustang population in western America grew. By the end of the nineteenth century, about two million mustangs roamed the countryside. Farmers and ranchers complained that the mustangs destroyed their crops and ate their livestock's food. Although private conservation efforts began as early as 1925, the mustang population dwindled as many farmers removed the horses from the western plains and prairies. By 1970, fewer than 17,000 mustangs remained in America. In 1971, the U.S. Congress passed a law to protect these wild horses. Today, the government maintains areas that have too many mustangs. Some of the horses are even offered for adoption. About 37,000 mustangs currently live in the United States.

15. Which of the following best defines the word *indigenous*?
     A.  a popular symbol or image
     B.  a breed of wild horse
     C.  native to a particular place
     D.  imported from another country

16. Number the events in the order in which they occurred.

     _________ About two million mustangs roamed the countryside.

     _________ Spanish armies brought horses to the New World.

     _________ Congress passed a law to protect mustangs.

     _________ Wild horses were extinct in the Western hemisphere.

     _________ Private conservation efforts began to protect mustangs.

17. Which of the following statements is true?
     A.  The word *mustang* means free and lovely.
     B.  Mustangs have lived in North America since the end of the last Ice Age.
     C.  The first mustangs in the United States had escaped from the Spanish army.

18. Explain the connection between farmers and ranchers and mustangs.

Encuentra el *volumen* (volume) de cada *sólido* (solid). Redondea a la centésima más cercana. Muestra tu trabajo en una hoja aparte.

1. 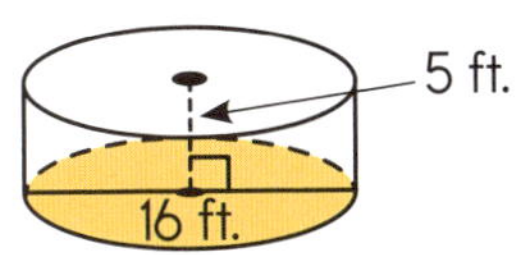


V = ______________

2. 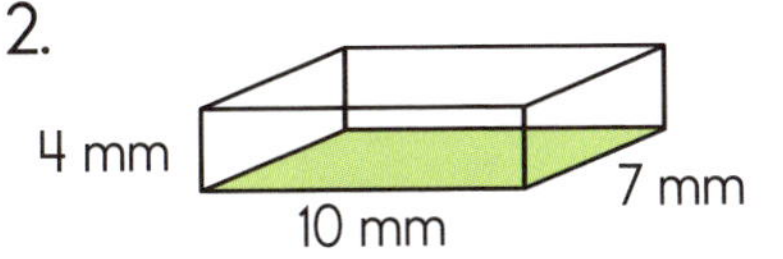


V = ______________

3. 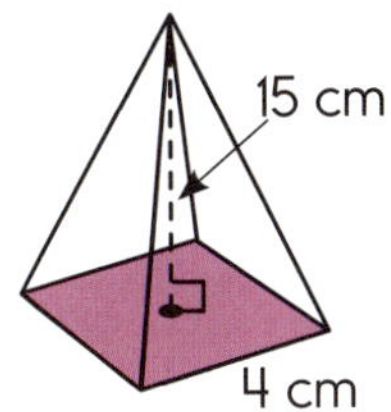


V = ______________

4. 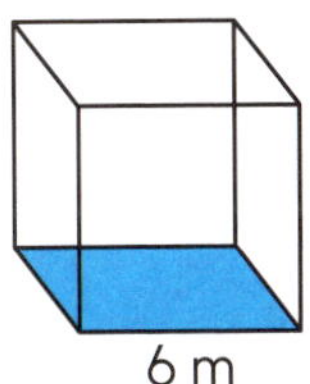


V = ______________

5. 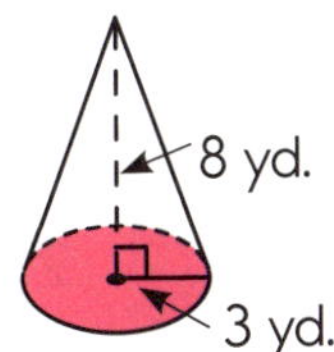


V = ______________

6. 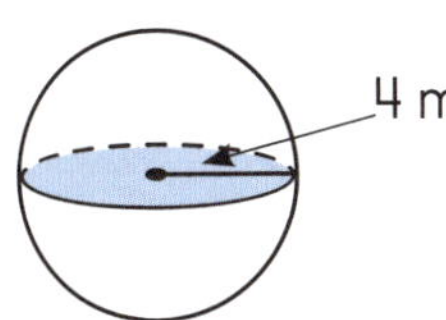


V = ______________

Una *interjección* (interjection) es una palabra o grupo de palabras que expresa una emoción. Una interjección debe ir seguida de un signo de exclamación o de una coma. Escribe una interjección para completar cada oración. A continuación, escribe dos oraciones adicionales que incluyan interjecciones y la puntuación adecuada.

7. ______________________________ I'm not really sure about that.

8. ______________________________ Look at that!

9. ______________________________ Now I understand it better!

10. ______________________________ look! What do you think of this?

11. ____________________________________________________

12. ____________________________________________________

**ACONDICIONAMIENTO FÍSICO:** Haz 10 sentadillas.

*Ve la página ii.

## DÍA 18

El *marco de una historia* (story's setting) indica el tiempo y el lugar de la acción. Lee cada frase. Escribe *T* si una frase indica el tiempo. Escribe *P* si una frase indica lugar. A continuación, añade una hora y un lugar a la lista.

13. _________ after midnight

14. _________ on Tuesday

15. _________ before sundown

16. _________ by the gate

17. _________ in the dead of winter

18. _________ 45 minutes later

19. _________ after the typhoon

20. _________ at twilight

21. _________ in the large cafeteria

22. _________ in the tropics

23. _________ before dawn

24. _________ near the berry patch

25. _________ near the sculpture

26. _________ at the entrance to the theater

27. _______________________________

28. _______________________________

Elige del banco de palabras la palabra correcta para cada definición.

| aceleración | fricción | inercia | momento | velocidad |
|---|---|---|---|---|
| fuerza | gravedad | masa | peso | velocidad vectorial |

29. _________________________ La fuerza que atrae a dos objetos entre sí.

30. _________________________ La distancia recorrida por un objeto en un tiempo determinado.

31. _________________________ La velocidad en una dirección específica.

32. _________________________ La fuerza de gravedad en un objeto en la superficie del planeta.

33. _________________________ La fuerza que un objeto ejerce sobre otro cuando se frotan entre sí.

34. _________________________ Lo que empuja o jala un objeto.

35. _________________________ El resultado de multiplicar la masa de un objeto por su velocidad.

36. _________________________ La tendencia de un objeto a resistir cualquier cambio en su movimiento.

37. _________________________ La tasa de modificación de la velocidad de un objeto.

38. _________________________ La cantidad de materia de un objeto.

**DATO:** El hielo del polo sur tiene unos 9 000 pies de grosor (2 743 m).

**Clasifica cada triángulo examinando sus ángulos y lados.**

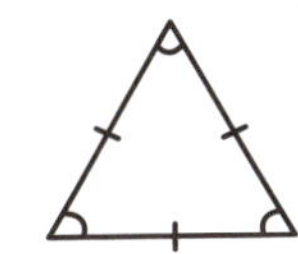

1. _______________

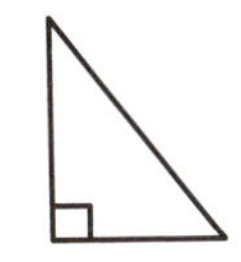

2. _______________

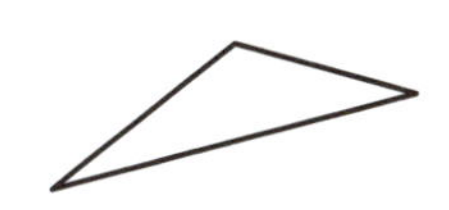

3. _______________

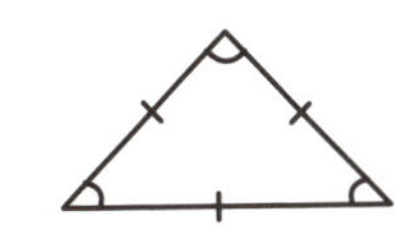

4. _______________

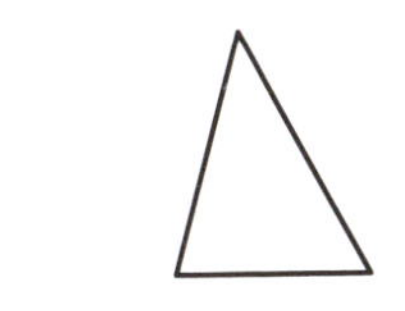

5. _______________

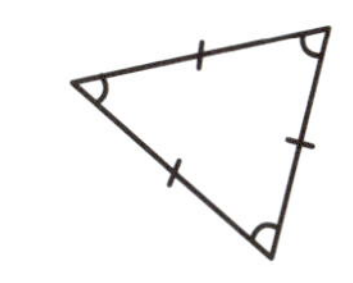

6. _______________

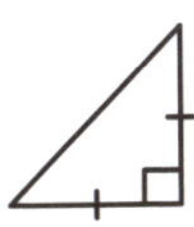

7. _______________

8. _______________

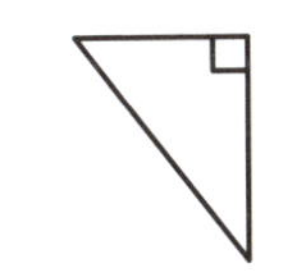

9. _______________

**Utiliza el siguiente conjunto de datos para trazar pares ordenados ($x$, $y$) y crear un gráfico de dispersión. Dibuja una línea de mejor correspondencia, o una línea recta que muestre la dirección general de los puntos. A continuación, responde las preguntas.**

| Peso (lb.) | Millaje (mi./gal.) |
| --- | --- |
| 2750 | 29 |
| 3125 | 23 |
| 2100 | 33 |
| 4082 | 18 |
| 3640 | 21 |
| 2241 | 25 |

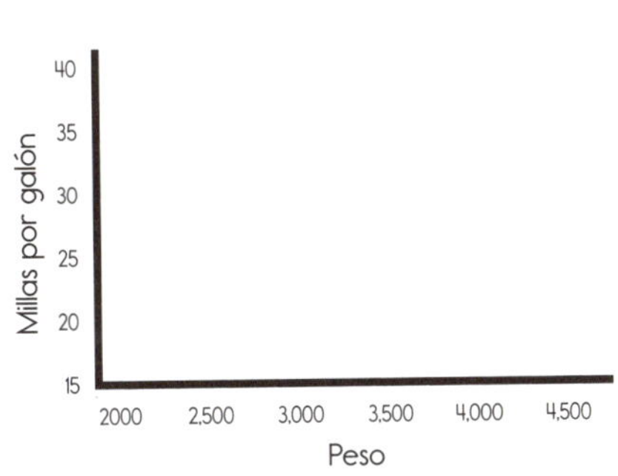


10. ¿Qué dos conjuntos de datos se comparan en este gráfico de dispersión? _______________

_______________________________________

11. ¿La correlación entre el peso y las millas por galón es positiva (valores que aumentan juntos) o negativa (un valor aumenta mientras el otro disminuye)?

_______________________________________

¿Cómo lo sabes? _______________________________________

# DÍA 19

**Encierra en un círculo la letra que corresponda a la mejor referencia para investigar cada tema.**

12. In which reference would you look for general information about the Mayan culture?
    A. dictionary
    B. atlas
    C. almanac
    D. encyclopedia

13. In which reference would you find a chart for plants in different world regions?
    A. atlas
    B. encyclopedia
    C. newspaper
    D. almanac

14. In which reference would you find publication information about a short story?
    A. book of quotations
    B. encyclopedia
    C. literary magazine
    D. newspaper

15. In which reference would you find a word or phrase that means the same as *somber*?
    A. telephone directory
    B. newspaper
    C. encyclopedia
    D. thesaurus

16. In which reference would you find a famous saying from Thomas Edison?
    A. atlas
    B. encyclopedia
    C. book of quotations
    D. almanac

17. In which reference would you find the origin of the word *umbrella*?
    A. dictionary
    B. newspaper
    C. almanac
    D. book of quotations

**Piensa en diferentes fortunas que podrías leer en una galleta de la fortuna. Si pudieras hacer realidad una, ¿cuál sería y por qué?**

________________________________________

________________________________________

________________________________________

**ACONDICIONAMIENTO FÍSICO: Haz 10 sentadillas.**

*Ve la página ii.

**Encuentra el valor de la variable en cada ecuación.**

1. $5x - 24 = 101$

2. $\dfrac{y}{12} - 7 = 13$

3. $12 + 8w = 76$

4. $50 - 3a = 122$

5. $\dfrac{r}{49} = 7$

6. $62 + 12m = -10$

7. $7b - 80 = 4$

8. $x^2 - 24 = 300$

9. $45 - 3k = 117$

10. $8c + 100 = -12$

11. $\dfrac{x}{9} - 32 = 9$

12. $\dfrac{y}{3} - 15 = 45$

Un *gerundio* (gerund) es un verbo que se usa como sustantivo. Para formar un gerundio, se añade *-ing* al verbo base. Encierra en un círculo el gerundio de cada oración. A continuación, escribe el verbo base en la línea.

13. _______________ A very important step is knowing what to do.

14. _______________ I love hearing our band play John Philip Sousa's marches.

15. _______________ When I swim, my favorite activity is floating on my back.

16. _______________ Complaining never works with my parents.

17. _______________ More than any other part of golf, I like putting the best.

18. _______________ Going to the library with her dad was one of Shari's favorite things to do when she was a child.

Un *infinitivo* (infinitive) se forma con *to* + un verbo simple. Puede utilizarse como sustantivo, adjetivo o adverbio en una oración. Subraya el infinitivo en cada oración.

19. To snowboard in the Rocky Mountains is a dream of mine.

20. On Saturday mornings, there are always chores to do.

21. Lately, the favorite pastime among my friends is to play laser tag.

22. Maya raced down the field to attempt another shot on goal.

23. Achiro wanted a good grade on the test, so he stayed up late to study.

**DATO:** Más de una quinta parte del territorio de la Tierra es desierto.

## DÍA 20

**Lee el pasaje. A continuación, responde las preguntas.**

### Chambered Nautilus

The chambered nautilus is a modern, living fossil. It belongs to a group of mollusks called *cephalopods* and is related to the octopus, squid, and cuttlefish. Unlike its cousins, the nautilus has an external shell consisting of many chambers. The animal lives in the outermost chamber and uses the rest to regulate its buoyancy, or ability to sink and float. The chambered nautilus lives in the Indian and South Pacific Oceans, finding its home at depths of 900 to 2,000 feet (274 m to 610 m) along reef walls. On dark, moonless nights, it travels closer to the surface to eat tiny fish, shrimp, and the molted shells of spiny lobsters. The chambered nautilus cannot change color or squirt ink like its relatives, but it does have arms. Two rows of 80 to 100 tentacles surround its head. None have suckers to hold prey, but each can touch and taste. The nautilus lives longer than other cephalopods— sometimes up to 20 years. Unlike the octopus, it mates many times during its lifetime, each time attaching its eggs to rocks, coral, or the seafloor. Each egg takes about one year to hatch. Humans are the main threat to this ancient creature's continued survival.

24. Where does the chambered nautilus live? _______________________________

25. Describe the chambered nautilus. _______________________________

_______________________________

26. What does the chambered nautilus eat? _______________________________

27. What happens to the nautilus's eggs?

_______________________________

28. In the passage, underline a similarity between the chambered nautilus and the other cephalopods.

29. In the passage, circle a difference between the chambered nautilus and the other cephalopods.

**PRUEBA DE CARÁCTER:** Lleva la cuenta del número de veces que muestras respeto hacia los demás a lo largo del día. Comparte los resultados con un miembro de tu familia.

## Corrientes de convexión

El agua en ebullición crea corrientes que suben y bajan debido al calor desigual. El agua caliente y menos densa sube. Cuando el agua caliente llega a la superficie, se enfría y se hunde de nuevo en el fondo de la olla. Este proceso imita lo que hacen las rocas fundidas dentro del manto terrestre. Estos movimientos de ascenso y descenso se denominan corrientes de convección.

**Materiales:**
- recipiente de vidrio transparente para hornear de 9" x 13" x 2" (32 cm x 23 cm x 5 cm), que sea seguro para cocinar en la estufa
- estufa
- colorante alimentario
- agua
- guantes de cocina

**Procedimiento:**
Llena el recipiente de vidrio con agua hasta la mitad. Coloca con cuidado el recipiente en la estufa. Encienda la estufa a fuego lento con la supervisión de un adulto. El recipiente se calentará. Retira el recipiente de la estufa. Precaución: Utiliza guantes de cocina para manipular el recipiente. Añade unas gotas de colorante alimentario al agua en el centro del recipiente. Observa el movimiento del agua en el recipiente. En el cuadro siguiente, dibuja un diagrama de lo que ocurre. Añade colorante alimentario en diferentes lugares del recipiente. De nuevo, dibuja un diagrama de lo que ocurre.

| Lado izquierdo | Centro | Lado derecho |
|---|---|---|
|  |  |  |

1. Describe las corrientes de convección que se producen al calentarse el agua.

__________________________________________________________

__________________________________________________________

2. Con tus propias palabras, describe la causa de las corrientes de convección que se produjeron en el plato.

__________________________________________________________

__________________________________________________________

*Ve la página ii.

## EXTRA

## Ingeniería para terremotos

Los ingenieros que diseñan edificios para zonas propensas a los terremotos deben tener en cuenta la posibilidad de que se produzcan. Las personas pueden resultar heridas por el derrumbe total o parcial de un edificio o por la caída de cristales de las estructuras. Sería difícil crear un edificio a prueba de terremotos. En su lugar, los ingenieros crean edificios antisísmicos que pueden sufrir daños durante un terremoto, pero que mantienen a salvo a las personas que se encuentran adentro y en las inmediaciones. En esta actividad, construirás una maqueta de un rascacielos antisísmico.

### Materiales:
- 8 a 10 bloques de construcción
- diccionario
- palos de manualidades
- bandas elásticas
- palillos de dientes
- vara de medir o metro

### Procedimiento:
En una mesa, amontona de 8 a 10 bloques para crear un rascacielos. Haz un dibujo del rascacielos en el gráfico. Sujeta un diccionario a una yarda (un metro) por encima de la mesa. Déjalo caer sobre la mesa junto al rascacielos para producir un «terremoto». Anota tus observaciones. Utiliza los bloques y los demás materiales de construcción para intentar crear un rascacielos que resista las sacudidas causadas por el «terremoto». Haz un dibujo del nuevo rascacielos en la tabla. A continuación, vuelve a dejar el diccionario sobre la mesa. Anota tus observaciones. Di por qué se derrumbó el primer rascacielos y cómo modificaste el segundo rascacielos para hacerlo resistente a los terremotos.

| Dibujo del primer rascacielos | Dibujo del nuevo rascacielos |
| --- | --- |
|  |  |

| Efecto del primer terremoto | Efecto del segundo terremoto |
| --- | --- |
|  |  |

## Latitud y longitud: Estados Unidos y Canadá

Las líneas de latitud y longitud forman una cuadrícula imaginaria sobre la Tierra para ayudar a determinar cualquier localización absoluta. Una localización absoluta es la ubicación definitiva de un lugar mediante un sistema de coordenadas reconocido. La localización relativa es la ubicación de un lugar en relación con otros lugares cercanos.

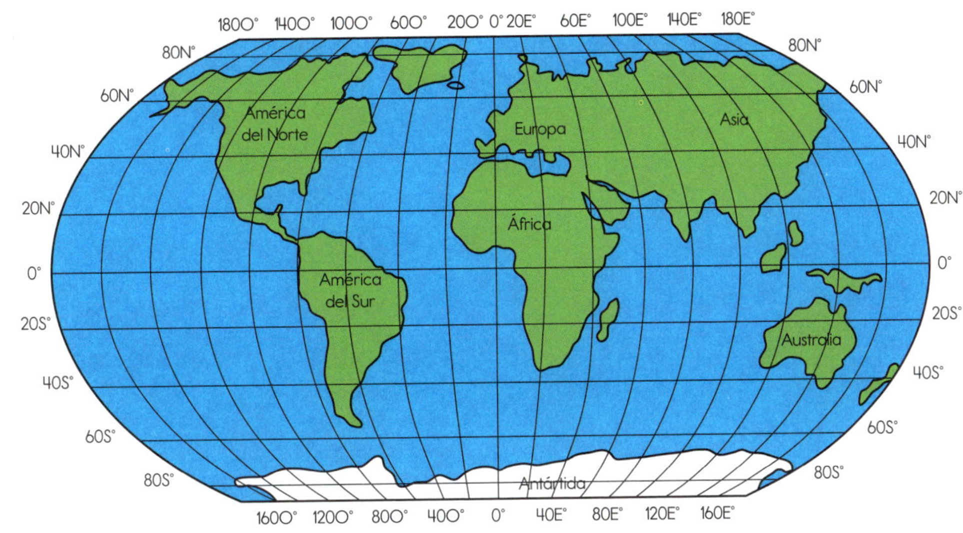


**Utiliza un atlas para responder a las siguientes preguntas sobre lugares de Estados Unidos y Canadá.**

1. ¿Qué estado incluye la intersección de 35°N y 120°O? _______________

2. ¿Qué provincia está situada al norte de Idaho, al este de la Columbia Británica y al oeste de Saskatchewan? _______________

3. ¿Qué océano incluye la intersección de 30°N y 30°O? _______________

4. ¿Qué estado está situado al norte de Florida, al este de Alabama, al oeste del Océano Atlántico y al suroeste de Carolina del Sur? _______________

5. ¿Qué estado incluye la intersección de 35°N y 105°O? _______________

6. ¿Qué océano incluye la intersección de 75°N y 135°O? _______________

7. ¿Qué montañas cruzan la línea de longitud de 120°O? _______________

8. ¿Qué línea de latitud es la frontera entre Nebraska y Kansas? _______________

9. ¿Qué línea de latitud sigue la frontera norte de cuatro provincias? _______________

10. ¿Qué líneas de latitud y longitud se cruzan en Illinois? _______________

11. ¿Qué línea de longitud cruza el río Mississippi? _______________

## EXTRA

### El rol del gobierno

Un gobierno puede proporcionar servicios para muchas de las necesidades de sus ciudadanos. Sus principales funciones consisten en elaborar, aplicar y hacer cumplir las leyes y gestionar cualquier conflicto sobre las mismas. Un gobierno también se ocupa de la defensa de la nación.

**Empareja cada necesidad de la derecha con el servicio gubernamental correspondiente de la izquierda. Más de un servicio gubernamental puede atender la misma necesidad.**

1. _________ educación
2. _________ comunicación
3. _________ seguridad
4. _________ defensa nacional
5. _________ transporte
6. _________ salud
7. _________ ayuda a los necesitados
8. _________ limpiar el aire y el agua
9. _________ dinero para intercambiar bienes

A. imprimir dinero

B. proporcionar una fuerza policial

C. construir carreteras

D. proporcionar prestaciones de desempleo

E. financiar y dotar de personal a las escuelas públicas

F. inspeccionar los alimentos y los medicamentos

G. entregar el correo

H. hacer leyes para restringir la contaminación

I. financiar, dotar de personal y entrenar a las fuerzas armadas

### Servicios internacionales

Investiga los servicios que prestan las Naciones Unidas, la Organización Mundial de la Salud, UNICEF u otras organizaciones de ayuda internacional. Escribe un párrafo en el que compares los servicios que se ofrecen con los servicios enumerados en la actividad anterior.

_______________________________________________

_______________________________________________

_______________________________________________

_______________________________________________

_______________________________________________

_______________________________________________

_______________________________________________

_______________________________________________

## Si los monumentos pudieran hablar

Algunos edificios, lugares emblemáticos y elementos naturales son tan conocidos que puedes reconocerlos aunque nunca los hayas visto en persona. Identifica los siguientes lugares leyendo las pistas. Después, utiliza materiales de referencia para comprobar tus respuestas.

1. Soy una atracción famosa en Estados Unidos. Tengo 279 millas (449 km) de largo y 1 milla (1.6 km) de profundidad. La gente viene de todo el mundo para hacer senderismo en mí y a mi alrededor.

___________________________

2. Construido por un emperador como tumba para su esposa, soy uno de los edificios más hermosos del mundo. Me encuentro a unas 105 millas (169 km) al sureste de Nueva Delhi, India.

___________________________

3. Llevo casi 2 500 años en una colina llamada Acrópolis. El pueblo griego me construyó para honrar a la diosa Atenea.

___________________________

4. Famoso por mis gigantescas estatuas de piedra de enormes cabezas con largas orejas, me encuentro a unas 2 300 millas (3 700 km) al oeste de Chile, en el Océano Pacífico.

___________________________

5. Construido completamente a mano, soy la estructura más larga jamás construida. Me extiendo unas 4 000 millas (6 400 km) a través del norte de China.

___________________________

6. Situado en la mayor ciudad de Australia, a unas 425 millas (684 km) al noreste de Melbourne, me encuentro en el paseo marítimo y parezco un velero gigante.

___________________________

7. Me construyeron para albergar las campanas de una catedral. Pero, el suelo sobre el que me encuentro es demasiado blando, por lo que no me mantengo completamente erguida. Estoy en una ciudad a unas 42 millas (68 km) al suroeste de Florencia, Italia.

___________________________

8. Soy un antiguo monumento que puede haber sido utilizado como centro ceremonial o religioso. Estoy formado por un grupo de enormes piedras dispuestas en círculo en una llanura del suroeste de Inglaterra.

___________________________

9. Soy una enorme estatua de piedra caliza con cabeza de humano y cuerpo de león. Construida hace unos 4 500 años en Egipto, mido 66 pies (20 metros) de altura y tengo 240 pies (73 metros) de largo.

___________________________

10. Erigido como monumento en honor a cuatro presidentes de Estados Unidos, estoy tallado en una montaña de Dakota del Sur.

___________________________

## ¡Vamos afuera!

Durante la madrugada, toma un bolígrafo y un cuaderno, y en compañía de un adulto sal al aire libre. Escribe lo que ves y oyes. Reflexiona sobre tus observaciones matutinas. Regresa con un adulto al mismo lugar antes de que anochezca. Haz un registro sobre las imágenes y los sonidos que escuchas a esa hora del día, luego compara tus notas sobre la actividad diurna y nocturna. ¿Cómo se comparan las observaciones de la mañana con lo que has visto y oído al anochecer? Escribe un poema o ensayo comparando los dos momentos del día. Para acompañar el poema o ensayo haz una ilustración que capte el ambiente.

Visita con tu familia un parque de aventuras local durante todo un día. Lleva una cámara y toma fotos de las distintas atracciones de aventuras. Luego imprime las fotos y haz un collage de las atracciones. Etiqueta cada foto para indicar qué atracciones producen emoción con el movimiento o por la fuerza. Comparte tu collage y tus hallazgos con tu familia y explica cómo las atracciones utilizan la fuerza y el movimiento.

Visita diferentes zonas de tu comunidad con un miembro de tu familia. Lleva una cámara fotográfica. Busca formas triangulares que se hayan utilizado en el diseño o la construcción de edificios. Toma una foto cuando veas un triángulo. Imprime las fotos y busca similitudes y diferencias en el uso de los triángulos. Haz un álbum de fotos, nota cómo las simples formas triangulares pueden darle personalidad a tu comunidad. Cuenta el número de ejemplos que has encontrado en cada tipo de triángulo: equilátero, isósceles, escaleno y rectángulo. ¿Cuál fue el más difícil de encontrar? ¿Cuál fue el más fácil?

| Tipo de triángulo | Número de ejemplos |
| --- | --- |
| equilátero | |
| isósceles | |
| escaleno | |
| rectángulo | |

*Ve la página ii.

## Objetivos mensuales

Piensa en tres objetivos que puedas establecer este mes. Por ejemplo, podrías aprender cinco palabras nuevas cada semana. Escribe tus objetivos en las líneas que aparecen a continuación. Colócalos en un lugar donde los puedas ver todos los días.

Dibuja una palomita al lado de cada objetivo que cumplas. Siéntete orgulloso de haber cumplido tus metas y síguete fijando nuevos objetivos para desafiarte a ti mismo.

1. _______________________________________________

2. _______________________________________________

3. _______________________________________________

## Lista de palabras

En esta sección se utilizan las siguientes palabras. Utiliza un diccionario para buscar cada palabra que no conozcas. A continuación, escribe tres oraciones en inglés. Utiliza al menos una palabra de la lista de palabras en cada oración.

dynasty (dinastía)

immortalized (inmortalizado)

maxim (máxima)

omitted (omitido)

output (salidas)

phases (fases)

quenched (saciado)

unison (unísono)

verge (al borde)

wrench (sacar)

1. _______________________________________________

_______________________________________________

2. _______________________________________________

_______________________________________________

3. _______________________________________________

_______________________________________________

# Introducción a la resistencia

Esta sección incluye actividades de acondicionamiento físico y de desarrollo del carácter que se centran en la resistencia. Estas actividades están diseñadas para mantenerte en movimiento y para hacerte pensar en el desarrollo de tu resistencia física y mental.

## Resistencia física

¿Qué tienen en común subir escaleras, hacer caminatas y montar en bicicleta? ¡Que son excelentes formas de desarrollar resistencia física! Tener resistencia significa realizar una actividad durante un periodo de tiempo antes de que tu cuerpo se canse. Para mejorar tu resistencia necesitas hacer ejercicio aeróbico con regularidad, lo que hace que tu corazón lata más rápido y que respires más fuerte. Como resultado de la actividad aeróbica regular, tu corazón se fortalece y las células sanguíneas suministran oxígeno al cuerpo de forma más eficiente.

El verano ofrece numerosas oportunidades para mejorar tu resistencia. Aunque hay momentos en los que una actividad relajante es valiosa, también es importante aprovechar las mañanas cálidas y los días soleados para salir al exterior. Elige actividades que te gusten. Invita a un miembro de tu familia a dar un paseo a pie o en bicicleta. Juega un partido de baloncesto con tus amigos. Deja las actividades relajantes para cuando esté oscuro, haga demasiado calor o para cuando llueva.

Establece un objetivo de resistencia para este verano. Por ejemplo, podrías trotar todos los días hasta que puedas correr una milla sin parar. Establece nuevos objetivos cuando cumplas los anteriores. ¡Enorgullécete de tus éxitos en materia de resistencia!

## Resistencia mental

La resistencia se aplica tanto a la mente como al cuerpo. Demostrar resistencia mental significa perseverar. Puedes demostrar resistencia mental todos los días. Continuar con las tareas cuando sientes ganas de abandonarlas y trabajar hasta que están terminadas son formas de demostrar resistencia mental.

Desarrolla tu resistencia mental este verano. Tal vez quieras ganar un poco de dinero extra para una nueva bicicleta ayudando a tus vecinos con el trabajo de jardinería, pero después de una semana de trabajar en el jardín de tu vecino te podrías dar cuenta de que no es tan fácil como pensabas. Piensa en algunos puntos clave, como que llevas meses queriendo esa bicicleta nueva. Sé positivo. Recuérdate a ti mismo que solo llevas una semana trabajando y que tus vecinos aprecian mucho tu trabajo. Piensa en formas de hacer que el trabajo de jardinería sea más agradable, como empezar más temprano o escuchar música mientras trabajas. Dejar de trabajar debe ser el último recurso. Desarrolla tu resistencia mental ahora. Te ayudará a prepararte para los retos posteriores.

**Encuentra la medida faltante de cada ángulo o *longitud de lado* (side lenght).**

1. 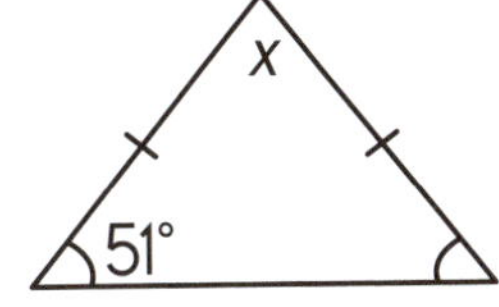

_______________

2. 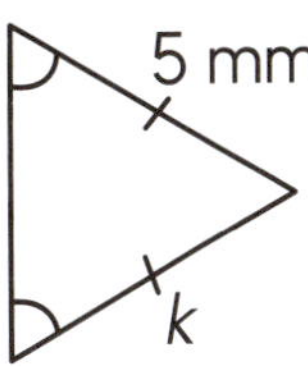

_______________

3. 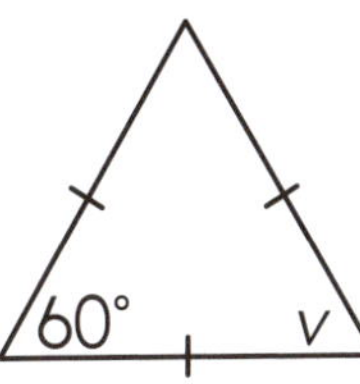

_______________

4. 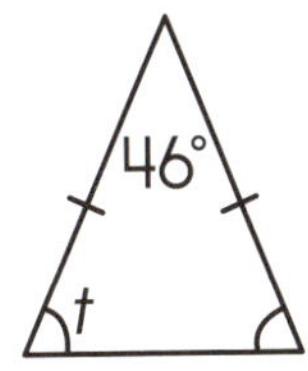

_______________

5. 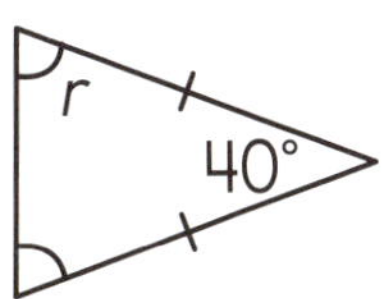

_______________

6. 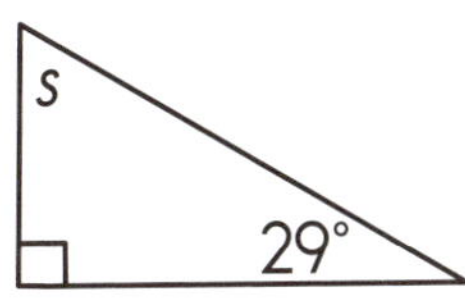

_______________

Los *puntos suspensivos* (ellipsis) son tres puntos juntos (...) que indican que algo se ha omitido. Al citar un texto, los escritores a menudo optan por omitir palabras para hacer las oraciones más cortas o para centrarse en puntos importantes. Reescribe las frases del *Discurso de Gettysburg*. Sustituye las palabras subrayadas por puntos suspensivos.

7. Four score and seven years ago our fathers brought forth <u>on this continent,</u> a new nation, <u>conceived in Liberty, and</u> dedicated to the proposition that all men are created equal.

_______________________________________________

_______________________________________________

_______________________________________________

8. Now we are engaged in a great civil war, testing whether that nation, <u>or any nation so conceived and so dedicated,</u> can long endure.

_______________________________________________

_______________________________________________

_______________________________________________

9. But, in a larger sense, we cannot dedicate—<u>we cannot consecrate—we cannot hallow —</u>this ground.

_______________________________________________

_______________________________________________

## DÍA 1

Lee cada palabra. Escribe la *raíz* (root word), el *prefijo* (prefix) y el *sufijo* (suffix) en las columnas correspondientes. Algunas palabras tendrán un prefijo o un sufijo, y otras pueden tener tanto un prefijo como un sufijo.

|   | Prefijo | Raíz | Sufijo |
|---|---|---|---|
| 10. expressible |  |  |  |
| 11. unbelievable |  |  |  |
| 12. dramatize |  |  |  |
| 13. allowance |  |  |  |
| 14. researcher |  |  |  |

La tabla muestra los tipos de cambio entre el dólar estadounidense y otras monedas.

| Monedas | A cuánto equivale esa moneda en dólares de E.U.A. | A cuánto equivale 1 dólar de E.U.A. en esa moneda |
|---|---|---|
| Dólar canadiense | $1.03 | 0.974 dólares canadienses |
| Rublo ruso | $0.04 | 27.84 rublos |
| Yen japonés | $0.0127 | 78.95 yenes |
| Rupia india | $0.0224 | 44.56 rupias |

15. Completa la tabla para encontrar el costo de una soda en dólares de E.U.A. en cada país. El primer ejercicio ya está resuelto.

| Tus 5 dólares | × | A cuánto equivale 1 dólar de E.U.A. en esta moneda | = | A cuánto equivalen 5 dólares de E.U.A. en esta moneda | − | El costo de una soda en esta moneda | = | Tu cambio en esta moneda | × | A cuánto equivale esta moneda en dólares de E.U.A. | = | Tu cambio en dólares de E.U.A. | Costo de una soda en dólares de E.U.A. |
|---|---|---|---|---|---|---|---|---|---|---|---|---|---|
| A. US$5 | × | 0.974 dólares canadienses | = | 4.87 dólares canadienses | − | 1.35 dólares canadienses | = | 3.52 dólares canadienses | × | $1.03 | = | $3.63 | $1.37 |
| B. US$5 | × | 27.84 rublos | = | _____ rublos | − | 35 rublos | = | _____ rublos | × | $ 0.04 | = | $4.17 | $_______ |
| C. US$5 | × | 78.95 yenes | = | 394.75 yenes | − | 120 yenes | = | _____ yenes | × | $ 0.0127 | = | $3.49 | $_______ |
| D. US$5 | × | 44.56 rupias | = | 222.80 rupias | − | 150 rupias | = | 72.80 rupias | × | $0.0224 | = | $ _____ | $_______ |

**DATO:** El halcón peregrino puede caer en picada a una velocidad de 200 millas por hora.

**Haz un dibujo basado en la información del problema. A continuación, utiliza el teorema de Pitágoras ($a^2 + b^2 = c^2$) para resolverlo. Redondea las respuestas a la décima más cercana.**

1. Una escalera de 16 pies se apoya en el lateral de un edificio. La parte superior de la escalera toca el lado del edificio a 12 pies sobre el suelo. ¿A qué distancia de la base del edificio está la parte inferior de la escalera?

   La escalera está a __________ pies del edificio.

2. Un árbol proyecta una sombra de 24 m a lo largo del suelo, medida desde el tronco del árbol hasta el borde más lejano de la sombra. La medida desde la copa del árbol hasta el borde más alejado de la sombra es de 80 m. ¿Qué altura tiene el árbol?

   El árbol mide __________ m.

**Calcula el valor de cada expresión.**

3. El valor de $\sqrt{10}$ está entre ______ y ______.

4. El valor de $\sqrt[3]{74}$ está entre ______ y ______.

5. El valor de $\sqrt{43}$ está entre ______ y ______.

6. El valor de $\sqrt[3]{17}$ está entre ______ y ______.

7. El valor de $\sqrt[3]{2}$ está entre ______ y ______.

8. El valor de $\sqrt{24}$ está entre ______ y ______.

**Ordena los valores de menor a mayor en la línea numérica.**

9. $14, \sqrt{18}, 4\pi$

10. $\sqrt{5}, 2, 5$

## DÍA 2

**Encierra en un círculo la respuesta que complete correctamente cada analogía.**

11. poet: verses :: _________________
    - A.  cooper: shoes
    - B.  cobbler: hats
    - C.  novelist: music
    - D.  cartographer: maps

12. virtuoso: mediocre :: _________________
    - A.  novice: inexperienced
    - B.  talented: gifted
    - C.  recluse: sociable
    - D.  nomad: itinerant

13. valiant: courage :: _________________
    - A.  chipper: melancholy
    - B.  wrathful: boredom
    - C.  tyrannical: power
    - D.  frightened: effrontery

14. dexterity: nimble :: _________________
    - A.  integrity: duplicitous
    - B.  complacent: eager
    - C.  novel: pamphlet
    - D.  hubris: arrogance

15. gale: wind :: _________________
    - A.  deluge: rain
    - B.  snow: blizzard
    - C.  flood: tidal wave
    - D.  frostbite: cold

16. apple: tree :: _________________
    - A.  fruit: vegetable
    - B.  grape: vine
    - C.  plum: pear
    - D.  banana: peel

Acabas de ser contratado como reportero del periódico mundial *Way Out There*, especializado en noticias únicas y descabelladas. Crea un titular en inglés para tu primera noticia. A continuación, escribe también en inglés la noticia que acompañe al titular. Puedes citar a científicos imaginarios, autoridades u otras fuentes. Utiliza otra hoja si necesitas más espacio.

_______________________________________________

_______________________________________________

_______________________________________________

_______________________________________________

_______________________________________________

_______________________________________________

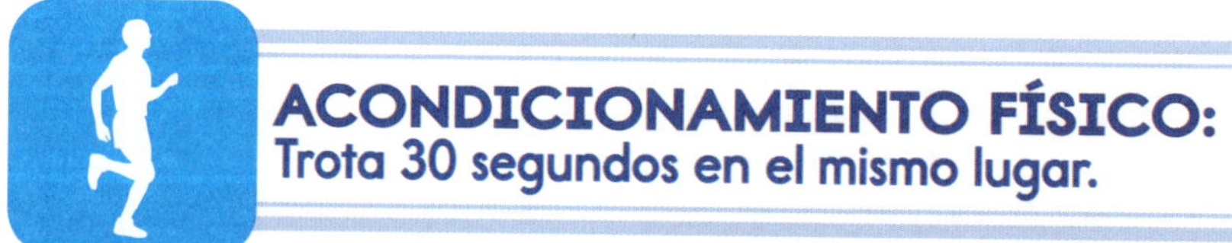


*Ve la página ii.

**Escribe cada número en notación científica.**

**EJEMPLOS:** $800,000 = \mathbf{8 \times 10^5}$ $\qquad$ $0.00285 = \mathbf{2.85 \times 10^{-3}}$

1. $250,000 =$ _______________

2. $0.00012 =$ _______________

3. $3,650,000 =$ _______________

4. $45,000,000,000 =$ _______________

5. $0.000096 =$ _______________

6. $123,000 =$ _______________

**Escribe cada número de forma estándar.**

7. $3.2 \times 10^5 =$ _______

8. $6.41 \times 10^{-7} =$ _______

9. $1.2 \times 10^9 =$ _______

10. $7.04 \times 10^3 =$ _______

11. $1.14 \times 10^{-6} =$ _______

12. $1.09 \times 10^7 =$ _______

---

Un verbo en modo *indicativo* (indicative) expresa un hecho o una opinión.
**EJEMPLO: I like to rollerblade.**

Un verbo en modo *imperativo* (imperative) expresa una orden o una solicitud.
**EJEMPLO: Bake the bread for 45 minutes.**

Un verbo en modo *interrogativo* (interrogative) expresa una pregunta.
**EJEMPLO: Did Shyla return the books yet?**

Un verbo en modo *condicional* (conditional) expresa algo que depende de una condición.
**EJEMPLO: If I had enough money, I would have bought a new MP3 player.**

**Lee cada oración. Identifica el modo verbal escribiendo *I* (*indicativo*/indicative), *IM* (*imperativo*/imperative), *IN* (*interrogativo*/interrogative) o *C* (*condicional*/conditional) en la línea.**

13. _______ The owl flew across the yard on almost-silent wings.

14. _______ Has Eduardo started taking rock climbing lessons?

15. _______ Ask Thomas if he's ready to leave.

16. _______ If my sister were older, she could go on the field trip.

17. _______ Will you help me carry these boxes?

18. _______ Bring the entire stack of books with you.

19. _______ Georgia wore a cast for six weeks.

20. _______ If we could spend the night at Ian's house, we would promise to go to bed early.

21. _______ Luna turned the fan on high.

22. _______ Can a panther run faster than a jaguar?

## DÍA 3

**Lee el pasaje. A continuación, responde las preguntas.**

### Taking a Poll

A poll is a survey of random opinions to be analyzed for a specific purpose. A classroom poll might ask students to name their favorite foods or their favorite musical groups. The polling question should always be neutral so that the results are not biased. This means that the question must not influence the answer. For example, the question *I do not like pizza, do you?* may bias the respondent to agree with the question instead of provide a true opinion. Large groups can be polled by using a **subsample**, or smaller representative group, instead of polling every person. The subsample should be chosen at random. To find out which sport eighth-graders at your local middle school like best, you might make a list of their names and ask every third person for an opinion. However, if you polled only eighth-graders at the park, your sample might be biased toward people who already play sports there.

23. What is the main idea of this passage?
    A. People who like sports often go to the park.
    B. You can take a poll to learn about people's favorite foods.
    C. A poll should be unbiased and include a random sample.

24. What does it mean to conduct an unbiased poll?
    A. to visit the park and ask people their favorite sport
    B. to ask a question in a way that does not influence the people who are answering
    C. to talk to only eighth graders about their favorite sports

25. What is an unbiased way of asking the polling question about sports in the passage? ______________________________________

______________________________________

26. What is a *subsample*? ______________________________________

______________________________________

27. How can a large group of people be polled without talking to every person?

______________________________________

> **DATO:** La temperatura promedio durante el verano en la Antártida es de 35.6°F (2°C).

Puedes usar la *forma de intercepción de pendientes* (slope-intercept form) para representar ecuaciones lineares gráficamente. En el ejemplo de abajo, 5 es la intersección de la y, o el punto (o, 5) en el que la línea cruza el eje $y$ $\frac{2}{1}$, o el valor absoluto del coeficiente de *x* expresado como una fracción, es la pendiente. Para representar la línea gráficamente, comienza en el punto de intercepción de y, y marca puntos subiendo 2 espacios arriba y 1 a la derecha en el plano de coordinadas.

**Utiliza la *forma de intersección de pendientes* (slope-intercept form) para graficar cada sistema de ecuaciones. Luego, da las coordenadas del punto (x, y) donde se cruzan las rectas para resolver el sistema.**

**EJEMPLO:** $y = 2x + 5$ ←——intercepción de $y$ (0, 5)

Pendiente, o tasa de cambio; cambia a fracción $\frac{2}{1}$.

1.  $y = x + 4$

   $y = 2x$

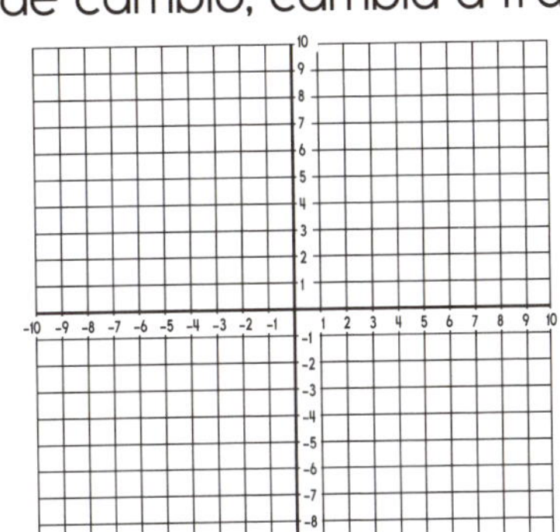

2.  $y = 2x - 2$

   $y = -x + 7$

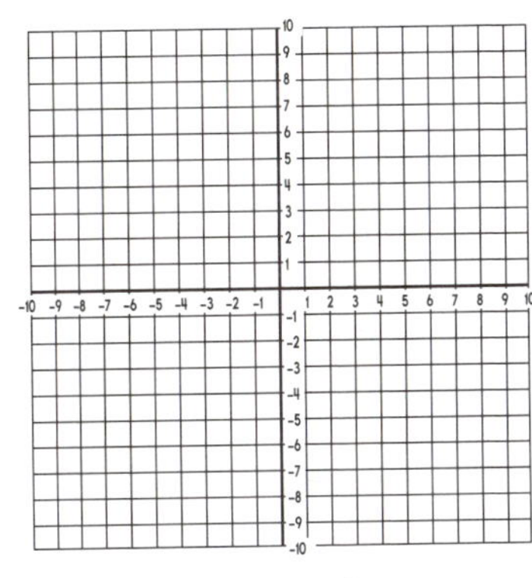

Coordenadas del punto de intersección: _______    Coordenadas del punto de intersección: _______

**Las *rayas* (dashes) que encierran palabras en una oración pueden utilizarse para indicar una ruptura repentina o un cambio de pensamiento. Vuelve a escribir cada oración, añadiendo rayas donde sea necesario.**

**EJEMPLO:** After the game**—I hope the Cardinals win—**we're going to have a cookout.

3.   My aunt she lives just a few miles away has a horse and six chickens.

_______________________________________________

4.   Enrique texted his best friend he just got a new phone to see what Colin's plans were for the weekend.

_______________________________________________

_______________________________________________

5.   After you've mixed in the mashed bananas make sure you've sprayed the pan with cooking spray you can carefully scrape the batter into the pan.

_______________________________________________

_______________________________________________

## DÍA 4

**Lee cada oración. Utiliza las pistas de contexto para relacionar cada palabra en negrita con su definición.**

6. _______ My uncle used a hammer to **wrench** the nail from the board.

7. _______ Daniel auditioned for a **role** in the school play.

8. _______ Silk has a very smooth **texture**.

9. _______ Our class answered the question in **unison**.

10. _______ The teacher accidentally **omitted** Cathy's name from the list.

11. _______ We learned about the **phases** of the moon in science class.

12. _______ Tony **quenched** his thirst after the race by drinking water.

13. _______ Scientists believed that they were on the **verge** of finding a cure for the disease.

14. _______ "Actions speak louder than words" is an old **maxim**.

A. a part played by an actor

B. at the edge

C. general rule or truth

D. left out

E. stages

F. satisfied

G. at the same time

H. pull out

I. characteristics of a surface

---

### ¡Haz una rutina de resistencia!

La resistencia es la capacidad de realizar una actividad física durante un periodo de tiempo prolongado. Hay muchas formas de aumentar la resistencia. Para esta actividad, necesitarás una cuerda para saltar y un cronómetro.

Para empezar, camina a paso ligero durante dos minutos, así calentarás. A continuación, trota un minuto en el mismo lugar. Salta la cuerda durante dos minutos y haz saltos de tijera durante un minuto. Para enfriar y completar la rutina, camina en el mismo lugar durante un minuto. Recupera el aliento. Repite esta actividad, si no puedes continuar establece un objetivo de resistencia para lograr completar esta actividad.

Para que esta actividad sea más exigente, aumenta gradualmente la duración de cada ejercicio y cambia el orden de las actividades.

*Ve la página ii.

**Escribe una ecuación que describa cada tabla de funciones.**

**EJEMPLO:**

| entrada ($x$) | salida ($y$) |
|---|---|
| 1 | 5 |
| 2 | 8 |
| 3 | 11 |

Ecuación: $y = 3x + 2$

1.

| entrada ($x$) | salida ($y$) |
|---|---|
| 3 | –5 |
| 6 | –4 |
| 9 | –3 |

Ecuación:________________

2.

| entrada ($x$) | salida ($y$) |
|---|---|
| 2 | 9 |
| 5 | 15 |
| 7 | 19 |

Ecuación:________________

3.

| entrada ($x$) | salida ($y$) |
|---|---|
| 4 | 10 |
| 8 | 16 |
| 10 | 19 |

Ecuación:________________

4.

| entrada ($x$) | salida ($y$) |
|---|---|
| 2 | 9 |
| 4 | 23 |
| 5 | 30 |

Ecuación:________________

5.

| entrada ($x$) | salida ($y$) |
|---|---|
| 2 | –7 |
| 4 | –11 |
| 6 | –15 |

Ecuación:________________

**Escribe una frase en inglés que ilustre cada modo verbal.**

6. Indicative: ______________________________________

_____________________________________________________

7. Imperative: ______________________________________

_____________________________________________________

8. Interrogative: ____________________________________

_____________________________________________________

9. Conditional: ______________________________________

_____________________________________________________

# DÍA 5

La *jerga* (jargon) es una expresión dirigida a una audiencia especializada, como, por ejemplo, los fanáticos de un deporte. El *argot* (slang) en un lenguaje informal que puede resultar inapropiado en determinadas ocasiones o que puede quedar obsoleto rápidamente. Evita la jerga y el argot cuando escribas para una audiencia general.

**Lee cada oración. Encierra en un círculo la jerga o el argot. Escribe las palabras que mejor expresen la jerga o el argot.**

10. Ernesto said that the group's new song was very cool. _______________

11. "I read it twice," said Mark. "But, I still don't get it." _______________

12. Bert gave me props for my high score on the test. _______________

13. "What's up?" asked Dr. Marvel as he greeted his students. _______________

14. The dress Shuri wore is really in right now. _______________

15. The Morton family wanted to chill, so they stayed home all weekend and rested.

    _______________________________________________

16. Tammy studied for the physics exam for so long that she knew she would hit it out of the park.

    _______________________________________________

**Del banco de palabras, elige la letra de la palabra que corresponda a cada definición.**

A. productor    B. consumidor    C. descomponedor    D. carnívoro
E. carroñero    F. herbívoro    G. omnívoro

17. _______ Un organismo que descompone los organismos muertos y los desechos.

18. _______ Un organismo que no puede crear su propio alimento, por lo que come otros organismos.

19. _______ Un organismo que se alimenta de los restos de animales muertos.

20. _______ Un organismo que solo se alimenta de plantas.

21. _______ Un organismo que come tanto plantas como animales.

22. _______ Un organismo que crea su propio alimento mediante la fotosíntesis.

23. _______ Un organismo que se alimenta solo de animales.

**PRUEBA DE CARÁCTER:** ¿Qué significa *perseverancia*? Escribe sobre alguna ocasión en la que hayas demostrado perseverancia.

**Utiliza la figura para responder las preguntas.**

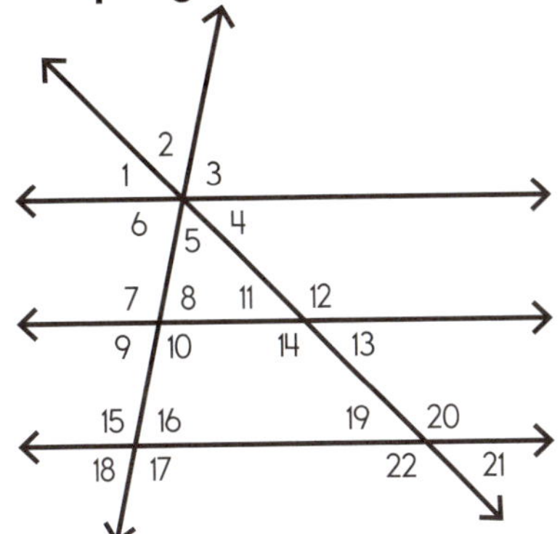

1. Si la medida de ∠1 es 45°, ¿cuál es la medida de ∠13? _______________

2. Si la medida de ∠11 es 45°, ¿cuál es la medida de ∠12? _______________

3. Si la medida de ∠8 es 85°, ¿cuál es la medida de ∠5? _______________

4. Si la medida de ∠20 es 135°, ¿cuál es la medida de ∠21? _______________

5. El triángulo formado por ∠5, ∠8 y ∠11 ¿es similar al triángulo formado por ∠5, ∠16 y ∠19? _______________

   ¿Cómo lo sabes? _______________

**Lee cada grupo de palabras. Escribe _C_ si el grupo de palabras es una oración completa. Escribe _F_ si el grupo de palabras es el fragmento de una oración.**

6. _______ Kelly and the red balloon

7. _______ Although a former soldier and a member of Congress

8. _______ After finding the answer to her question, Coleen printed the story as proof

9. _______ Fell coming out of the starting block but made up lots of ground

10. _______ Unless you buy a ticket

11. _______ Many of my friends love to play video games

12. _______ Who would have had a clue that he would win

**Escribe una oración completa utilizando este fragmento de oración.**

13. Until the end of the semester _______________

_______________

## DÍA 6

**Lee el pasaje. A continuación, responde las preguntas.**

## The Ides of March

William Shakespeare **immortalized** the phrase *the ides of March*. In Shakespeare's play *Julius Caesar*, Caesar asks a soothsayer, or fortune teller, what his future holds. Caesar is told, "Beware the ides of March!" It is a phrase that is still used today.

The ides of March means the *15th of March*. The Roman calendar built its months around three types of days: calends (the 1st day of the month), nones (the 7th day of the month), and ides (either the 13th or 15th day of the month). In some months, the ides fell on the 15th day of the month. In other months, the ides fell on the 13th day. Romans identified the other days of the month by counting backward or forward from the calends, nones, or ides. For example, the 18th day of a month would be three days after the ides. Every month had an ides, but the ides of March has historical significance because Julius Caesar was assassinated in 44 BC on the 15th of March.

Aside from the ides of March, the Romans provided the basis for our modern-day calendar system of 365.25 days per year and 366 days during a leap year. The Romans also gave us the word *calendar*, which originates from their word *calends*. So, we have Shakespeare and the Ancient Romans to thank for the term *ides of March*.

14. Which best summarizes the main idea of this passage?
    A. The Roman calendar only had three days.
    B. Julius Caesar was assassinated on the ides of March.
    C. The *ides of March* is a popular term because of Shakespeare's *Julius Caesar*.

15. Which of the following best defines the word *immortalized*?
    A. explained clearly
    B. accented
    C. made to last forever
    D. to tell the future

16. In Shakespeare's play, why did the soothsayer tell Caesar, "Beware the ides of March"?
    A. He was predicting Caesar's assassination.
    B. He had met Caesar, and he did not like him.
    C. He was addressing a very important man.

17. Do any other common expressions originate from Shakespeare's plays? Which of these expressions are still in use today? Do some research to answer this question and write your response on a separate sheet of paper.

**DATO:** Cuando dos estrellas orbitan entre sí son llaman binarias. Aproximadamente la mitad de las estrellas del universo son binarias.

En una *función* (function), a cada valor de entrada (*x*) le corresponde un valor de salida (*y*). Completa cada tabla de funciones.

1. $y = 2x + 7$

| x | y |
|---|---|
| –7 | _____ |
| –4 | _____ |
| 0 | _____ |
| 2 | _____ |
| 5 | _____ |

2. $y = -8x - 4$

| x | y |
|---|---|
| –10 | _____ |
| –3 | _____ |
| 1 | _____ |
| 2 | _____ |
| 3 | _____ |

3. $y = \dfrac{x}{2} + 4$

| x | y |
|---|---|
| –4 | _____ |
| –2 | _____ |
| 0 | _____ |
| 8 | _____ |
| 11 | _____ |

4. $y = 3x - 11$

| x | y |
|---|---|
| –6 | _____ |
| –1 | _____ |
| 1 | _____ |
| 3 | _____ |
| 5 | _____ |

5. $y = -\dfrac{-x}{4} + 4$

| x | y |
|---|---|
| –16 | _____ |
| –4 | _____ |
| 0 | _____ |
| 5 | _____ |
| 9 | _____ |

6. $y = x - 15$

| x | y |
|---|---|
| –40 | _____ |
| –23 | _____ |
| –16 | _____ |
| 12 | _____ |
| 30 | _____ |

Las palabras de cada numeral tienen significados similares pero connotaciones diferentes. Escribe una oración para cada palabra en la que el contexto se ajuste a la connotación.

7. cheap: _______________________________

thrifty: _______________________________

miserly: _______________________________

8. childlike: _______________________________

immature: _______________________________

youthful: _______________________________

9. slim: _______________________________

scrawny: _______________________________

lean: _______________________________

**Lee el pasaje. ¿Qué conclusión puedes sacar sobre la futura educación de Jon? Escribe tu conclusión. Utiliza otra hoja si necesitas más espacio.**

Jon was worried. He anticipated that the envelope would arrive in the mail that day. If the envelope was large, it meant that he was accepted to the college of his choice. He reasoned that a large envelope meant that there were many forms to complete as part of the registration process. On the other hand, a small envelope might mean bad news. A small envelope meant that it held only one piece of paper—a letter indicating that he was not accepted.

Just then, the doorbell rang. "Delivery," announced Mr. Foxman, the mail carrier. Jon raced to the door. "Gee," said Mr. Foxman, handing Jon the envelope, "they needed extra postage for this one."

_______________________________________________

_______________________________________________

**Escribe la letra de cada documento estadounidense al lado de su descripción.**

10. _______ Definió los derechos de las ciudadanos de E.U.A. en relación a la Constitución.

11. _______ Permitió a Estados Unidos comprar a Francia las tierras al oeste del río Mississippi.

12. _______ Documento de cuatro páginas, firmado en 1787, que estableció la creación del gobierno de E.U.A.

13. _______ Cerró la colonización del Hemisferio Occidental.

14. _______ Funcionó como primera Constitución de E.U.A.

15. _______ Fue emitida por el presidente Lincoln durante la Guerra Civil. Liberó a los esclavos de los estados confederados.

16. _______ Preveía un método para admitir a nuevos estados al país.

17. _______ Estableció que las 13 colonias originales ya no estaban sujetas a la Gran Bretaña.

A. Declaración de Independencia

B. Artículos de la Confederación

C. Ordenanza del Noroeste

D. Doctrina Monroe

E. Carta de Derechos

F. Tratado de la Compra de Luisiana

G. Constitución de E.U.A.

H. Proclamación de Emancipación

**ACONDICIONAMIENTO FÍSICO:**
Salta 10 veces sobre tu pie izquierdo.

*Ve la página ii.

Una función es *lineal* (linear) si sus valores tienen una tasa de cambio constante o en pendiente. Si la pendiente no es constante, la función es *no lineal* (nonlinear). Para decidirlo, utiliza la fórmula $\frac{y_2 - y_1}{x_2 - x_1}$ en varios puntos. Escribe *lineal* o *no lineal* al lado de cada tabla de funciones.

**EJEMPLO:**

| x | y | Tasa |
|---|---|---|
| 1 | 217 | |
| 2 | 434 | 217 |
| 3 | 651 | |
| 4 | 868 | 217 |

Relación: **lineal**

**1.**

| x | y | Tasa |
|---|---|---|
| −1 | 0 | |
| 0 | −5 | |
| 1 | −8 | |
| 2 | −9 | |

Relación: _______________

**2.**

| x | y | Tasa |
|---|---|---|
| −3 | −15 | |
| 1 | −8 | |
| 5 | −1 | |
| 9 | 6 | |

Relación: _______________

**3.**

| x | y | Tasa |
|---|---|---|
| 0 | 2 | |
| 1 | 4 | |
| 2 | 10 | |
| 3 | 28 | |

Relación: _______________

**4.**

| x | y | Tasa |
|---|---|---|
| 10 | 327 | |
| 20 | 342 | |
| 30 | 357 | |
| 40 | 372 | |

Relación: _______________

---

Utiliza un diccionario, ya sea impreso o en línea, para encontrar un sinónimo para cada palabra en negrita. Escribe el sinónimo en la línea.

5. I tend to be strong-willed and **obstinate**, just like my grandmother. ______________________

6. Aliyah felt **despondent** after her dog died, but talking with her family helped. ______________________

7. The **mottled** pattern on Sasha's belly makes it easy to tell her apart from the other kittens. ______________________

8. **Noxious** fumes filled the kitchen, and we hurried outside. ______________________

9. I was surprised by the **rancor** with which the candidates spoke about one another. ______________________

10. The **indignant** customer demanded to speak to a manager. ______________________

11. Dr. Lorenzo has made the **plight** of the rain forests the focus of his career. ______________________

# DÍA 8

**Observa atentamente el contexto de cada oración para determinar cuál es la elección correcta de la palabra. A continuación, encierra en un círculo la palabra que complete correctamente cada oración. Utiliza un diccionario para buscar las palabras si es necesario.**

12. Everyone was able to attend the concert (accept, except) Raymond, who had a previous commitment.

13. Hilda's great-grandparents had (immigrated, emigrated) to the United States from Sweden in the early 1900s.

14. When (its, it's) time to go, we can call the restaurant for an advance reservation.

15. Tokens for the subway (fare, fair) can be purchased in coin-operated machines outside the station.

16. We first brought the towels into the house, (than, then) we folded them and put them away.

17. (There, They're, Their) house on Cherry Street has always been the most majestic old home in all of Gladstone.

18. (Whose, Who's) golf club is this?

19. Manny and Mario have (to, two, too) pet turtles in their room.

20. Mrs. Sherman has been our (principle, principal) for the last two years.

21. When you walk (past, passed) the cafeteria, please check the menu for today's lunch.

22. I am looking for a CD (that, which) has a collection of jazz music.

---

**Selecciona uno o dos _personajes_ (characters), un _lugar_ (location) y un _acontecimiento_ (event). Escribe en inglés, una historia creativa y detallada, en una hoja aparte.**

**Characters:** talking earthworm, clown, out-of-control robot, princess, teacher, principal

**Location:** school, amusement park, boat, airplane, shopping mall, basement

**Events:** yelling, smelling something unusual, running backward, sneezing, talking while asleep, falling from the sky

**DATO:** Thomas Jefferson hablaba seis idiomas.

**Nombra los *ángulos congruentes* (congruent angles) de cada *reflexión* (reflection).**

1. ∠RQS ≅ ∠ _____; ∠QRS ≅ ∠ _____;
   ∠QSR ≅ ∠ _____

2. ∠ _____ ≅ ∠ _____; ∠ _____ ≅ ∠ _____;
   ∠ _____ ≅ ∠ _____; ∠ _____ ≅ ∠ _____;
   ∠ _____ ≅ ∠ _____

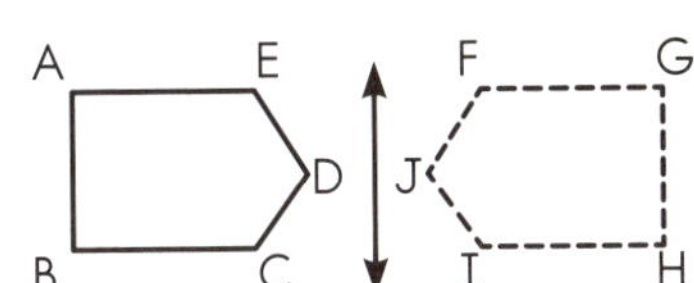

**Nombra los ángulos congruentes de cada *traslación* (translation).**

3. ∠ABC ≅ ∠ _____; ∠BCD ≅ ∠ _____;
   ∠CDA ≅ ∠ _____; ∠DAB ≅ ∠ _____

4. ∠ _____ ≅ ∠ _____;
   ∠ _____ ≅ ∠ _____;
   ∠ _____ ≅ ∠ _____;
   ∠ _____ ≅ ∠ _____;
   ∠ _____ ≅ ∠ _____;

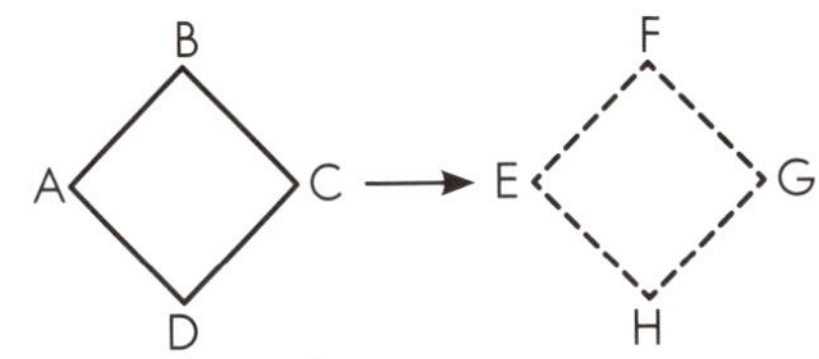

**Nombra los ángulos congruentes de cada *rotación* (rotation).**

5. ∠ _____ ≅ ∠ _____; ∠ _____ ≅ ∠ _____;
   ∠ _____ ≅ ∠ _____

6. ∠ _____ ≅ ∠ _____; ∠ _____ ≅ ∠ _____;
   ∠ _____ ≅ ∠ _____; ∠ _____ ≅ ∠ _____

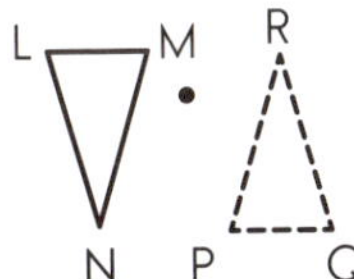

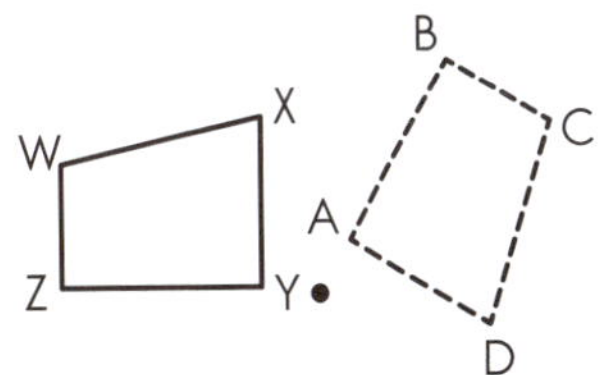

**Encierra en un círculo la palabra que complete correctamente cada oración.**

7. Gretchen gave Mrs. Cooke a gift and (than, then) told her that she was her favorite teacher.

8. The girls' cross country team win, (that, which) happened in late September, set a new record.

9. (Your, You're) being late for practice cost our team valuable preparation time.

10. The club (that, which) hosted this year's tournament was in Wisconsin.

11. If you don't know where (your, you're) going, how will you know when you get there?

## DÍA 9

**Lee el pasaje. Después, responde las preguntas.**

### from *The Call of the Wild* by Jack London

Buck did not read the newspapers, or he would have known that trouble was brewing, not alone for himself, but for every tide-water dog, strong of muscle and with warm, long hair, from Puget Sound to San Diego. Because men, groping in the Arctic darkness, had found a yellow metal, and because steamship and transportation companies were booming the find, thousands of men were rushing into the Northland. These men wanted dogs, and the dogs they wanted were heavy dogs, with strong muscles by which to toil, and furry coats to protect them from the frost.

Buck lived at a big house in the sun-kissed Santa Clara Valley. Judge Miller's place, it was called. It stood back from the road, half hidden among the trees, through which glimpses could be caught of the wide cool veranda that ran around its four sides. The house was approached by gravelled driveways which wound about through wide-spreading lawns and under the interlacing boughs of tall poplars. At the rear things were on even a more spacious scale than at the front. There were great stables, where a dozen grooms and boys held forth, rows of vine-clad servants' cottages, an endless and orderly array of outhouses, long grape arbors, green pastures, orchards, and berry patches. Then there was the pumping plant for the artesian well, and the big cement tank where Judge Miller's boys took their morning plunge and kept cool in the hot afternoon.

And over this great **demesne** Buck ruled. Here he was born, and here he had lived the four years of his life. It was true, there were other dogs. There could not but be other dogs on so vast a place, but they did not count.

12. How does the first paragraph of the selection create suspense?

   _______________________________________________

   _______________________________________________

13. What does the word *demesne* mean? Write a definition using the context of the sentence and then double-check your answer in a dictionary.

   _______________________________________________

14. From whose point of view is the story told? Why is this perspective unusual?

   _______________________________________________

   _______________________________________________

**Dibuja la rotación de cada figura alrededor del punto.**

1.  Rotación de 180°

2.  Rotación de 135°

3.  Rotación de 45°

4.  Rotación de 90° en sentido contrario a las agujas del reloj

El uso de una *gramática correcta* (proper grammar) evita dos negaciones en una misma oración porque podrían crear confusión. Reescribe cada frase para corregir la doble negación.

5.  Kelly doesn't want no more interruptions.

6.  Tracie never did nothing wrong until she broke her mother's favorite vase.

7.  Dr. Canberra was born in Argentina, but he never traveled nowhere else once he arrived in the United States.

8.  I left home without my umbrella since there is not no chance of rain today.

**DATO:** Un elefante adulto come un promedio de 550 libras (249.5 kg) de vegetación al día.

## DÍA 10

Lee cada oración. Escribe *F* si la oración está escrita desde el punto de vista de la *primera persona* (first-person). Escribe *T* si la oración está escrita desde el punto de vista de la *tercera persona* (third-person). A continuación, escribe en inglés una oración en primera persona sobre tu deporte o pasatiempo favorito.

9. _________ When I saw the size of the gift box, I knew it was the bike I had wanted.

10. _________ Struggling with the humid air, they slowed their pace and rested in a crevice near the rock.

11. _________ The travelers finished packing their bags and headed for the airport.

12. _________ He delivered the newspapers that morning to a total of 96 homes.

13. _________ By morning, I had written the last chapter of my 234-page novel.

14. _________ Despite the low price, I still expect a discount on the draperies.

15. _________ She knows the names of her state senators and representatives.

16. _______________________________________________

_______________________________________________

Empareja cada característica del metal con su descripción.

| maleable | dúctil | conductor | magnético | reactividad | aleación |

17. Capaz de conducir en cables largos: _______________________

18. Capaz de ser golpeado y martillado en diferentes formas: _______________

19. Combinación de dos o más metales: _______________________

20. La facilidad y rapidez con que un elemento se combina con otros elementos y compuestos: _______________________

21. Un metal que transmite el calor y la electricidad: _______________________

22. La capacidad de atraer otros objetos metálicos: _______________________

**PRUEBA DE CARÁCTER:** Haz una lista de al menos tres formas en las que puedes mostrar tolerancia en casa y en la escuela. Coloca la lista en algún lugar visible.

Determina si cada figura o forma ha cambiado de forma y escribe *sí* o *no*. A continuación, explica tu respuesta escribiendo *reducido* (reduced), *expandido* (expanded) u otra explicación.

| | ¿Cambió? | Explicación |
|---|---|---|
| 1. | _____________ | _____________ |
| 2. | _____________ | _____________ |
| 3. | _____________ | _____________ |
| 4. | _____________ | _____________ |
| 5. | _____________ | _____________ |
| 6. | _____________ | _____________ |
| 7. | _____________ | _____________ |
| 8. | _____________ | _____________ |

Albert Einstein dijo una vez: «La imaginación es más importante que el conocimiento». ¿Estás de acuerdo o no? Escribe un argumento sobre la declaración de Einstein. Apoya tu argumento con razones, hechos y ejemplos.

_______________________________________________

_______________________________________________

_______________________________________________

_______________________________________________

_______________________________________________

_______________________________________________

## DÍA 11

**Lee el párrafo. Encierra en un círculo la letra de la oración que exponga la idea principal. A continuación, subraya tres detalles de apoyo.**

The world's tropical rain forests are in great danger. Loggers cut down trees to provide timber and firewood and make room for homes, roads, farms, and factories. Some areas are cleared to mine oil and other valuable minerals. The habitats of thousands of animal and plant species have already vanished. These changes also threaten the way of life for many native residents.

   A.   Tropical rain forests contain an incredible amount of plant and animal diversity.

   B.   Tropical rain forests are in great danger.

   C.   Tropical rain forests are located near the equator.

**Lee el pasaje. A continuación, responde las preguntas.**

### The U.S. Government

The U.S. government consists of three separate branches: executive, legislative, and judicial. The president, vice president, and the cabinet of advisors represent the executive branch. The president, elected by the people, chooses the cabinet, subject to Senate approval. The Senate and House of Representatives form the U.S. Congress in the legislative branch. Each state elects two senators. Senators' six-year terms are staggered so that only one-third of the Senate is elected every two years. Each state also elects a designated number of representatives, determined by state population. The House of Representatives contains 435 members. All representatives are elected every two years. The third branch of the U.S. government is the judicial branch, which consists of courts of law throughout the nation. The highest court is the Supreme Court, containing nine justices. When a justice's seat opens, the president nominates a candidate who must be approved by the Senate.

  9.   What is the main idea of this passage?

     A.   The Senate approves the president's cabinet choices.

     B.   The president and members of Congress are elected.

     C.   The U.S. government contains three separate branches.

10.   Which offices form the executive branch? _______________________________

11.   Which groups represent the U.S. Congress? _______________________________

> **DATO:** El primer vuelo exitoso de un helicóptero se produjo en 1906. Su tiempo de vuelo fue de 20 segundos.

**Utiliza cada *factor de escala* (scale factor o SF) para determinar si la dilatación es una ampliación o una reducción.**

1. SF = $\dfrac{1}{2}$ _______________

2. SF = 120% _______________

3. SF = $\dfrac{8}{9}$ _______________

4. SF = 32% _______________

5. SF = 4 _______________

6. SF = $\dfrac{2}{3}$ _______________

7. SF = 247% _______________

8. SF = 8 _______________

**Encuentra el factor de escala en cada dilatación.**

9. 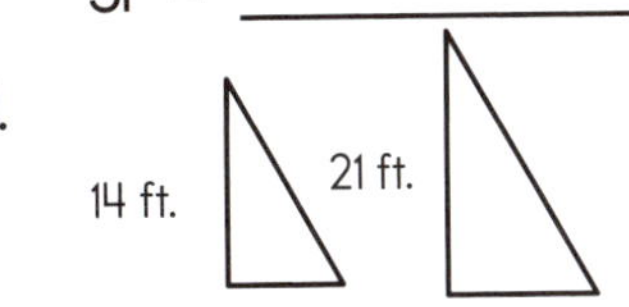


SF = _______________

10. 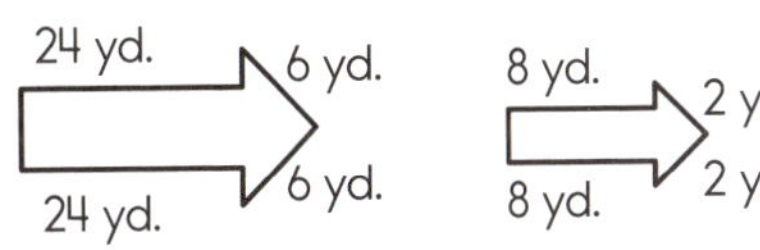


SF = _______________

11. 


SF = _______________

12. 

SF = _______________

**Cada oración contiene un cambio de *voz verbal* (verb voice) o de *modo* (mood). Vuelve a escribirla correctamente en la línea para corregir el error.**

13. When Ana Maria opened her book, a stain was seen on the page.

_______________________________________

14. If I was you, I would have left the performance during intermission.

_______________________________________

15. Pack your lunch, and then you should let the dog out.

_______________________________________

16. Kiku was elected class president, and changes were made throughout the year in the school.

_______________________________________

17. If we had won the game, we will go out to celebrate afterward.

_______________________________________

# DÍA 12

**Lee el pasaje. A continuación, responde las preguntas.**

## Halley's Comet

Halley's Comet was named for its discoverer, astronomer Edmond Halley. Halley had theorized that comets were natural **phenomena** of the solar system that traveled in orbits around the sun. He maintained that one specific comet would take 76 years to complete its orbit. After researching sightings in the years 1531, 1607, and 1682, Halley predicted that the comet would return in 1758. His prediction was accurate, and the comet was named in his honor, 16 years after his death. Since that time, Halley's Comet has made regular visits to Earth's orbit about every 76 years. Various forces combine to keep the orbit consistent. However, the gravitational pull of the planets sometimes changes the orbital period. There have been times when the comet's orbit has taken as long as 79 years.

Astronomers have researched the composition of comets. In 1985, the spacecraft *Giotto* was launched to photograph Halley's Comet as it passed Earth. The pictures were taken from 370 miles (600 km) away, the closest distance at which the comet has been monitored. *Giotto* sent valuable data to astronomers. Measurements showed that the comet's nucleus is approximately 9 miles (15 km) in diameter. The dark and porous nucleus is composed of dust that remained after ice changed into a gaseous state. Halley's Comet is scheduled to pass by Earth again in 2061.

18. Which of the following reasons makes Halley's Comet the best-known comet?
    A. the size of its nucleus
    B. its fairly regular orbital pattern
    C. its composition of ice turned to dust
    D. its beauty

19. How often does Halley's Comet pass by Earth?
    A. approximately every 76 years
    B. usually every 89 years
    C. cannot be predicted
    D. once every other century

20. What is the approximate size of the nucleus of Halley's Comet? _______________

21. Which of the following best defines the word *phenomena*?
    A. a comet with a predictable orbit
    B. observable, unusual facts or events
    C. routine conditioning
    D. beyond expectation

22. What causes the orbit of Halley's Comet to vary slightly in duration?

_________________________________________________________________

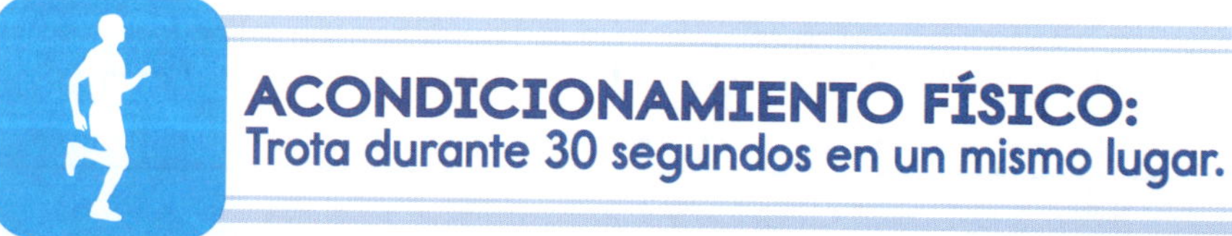


*Ve la página ii.

La tasa de cambio, o *pendiente* (slope), de una función puede ser encontrada de diferentes maneras. Cuando una función se muestra como una ecuación, la pendiente es el valor absoluto del coeficiente de x. Cuando una función se muestra como una gráfica, elige dos puntos en la línea y úsalos para calcular la tasa de cambio usando la ecuación $\frac{y_2 - y_1}{x_2 - x_1}$. Para cada par de funciones a continuación, escribe la ecuación, la gráfica o la igualdad para decir cuál tiene la mayor pendiente.

**EJEMPLO:** $y = -2x + 3$   or

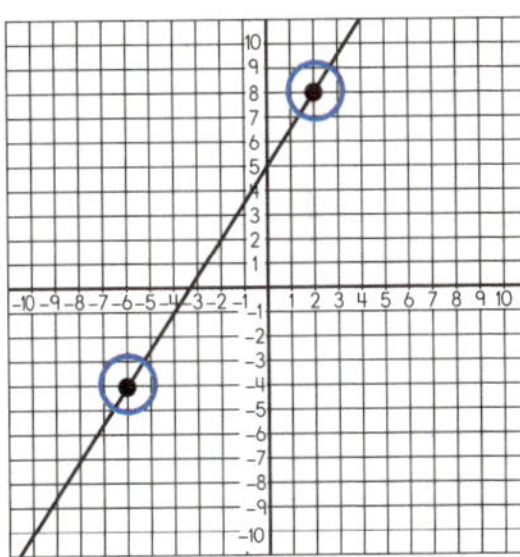

La pendiente es $|-2|$, o 2.

La tasa de cambio es $\frac{8 - (-4)}{2 - (-6)} = \frac{12}{8} = \frac{3}{2}$.

Como 2 es mayor que $\frac{3}{2}$, la función representada por la ecuación tiene la mayor tasa de cambio.

1.  $y = \frac{1}{2}x - 2$   or

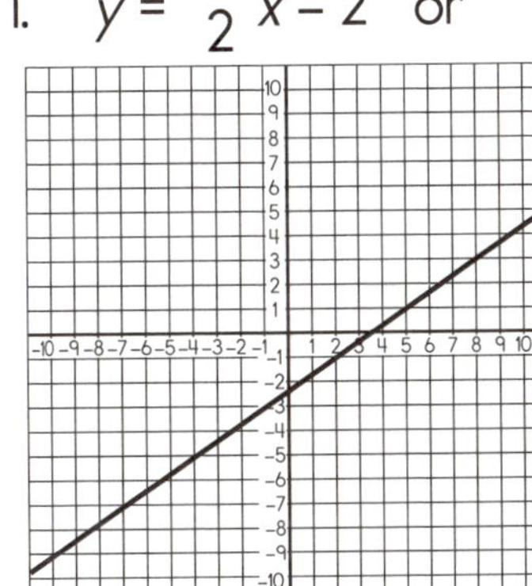

_______________

2.  $y = -6x + 1$   or

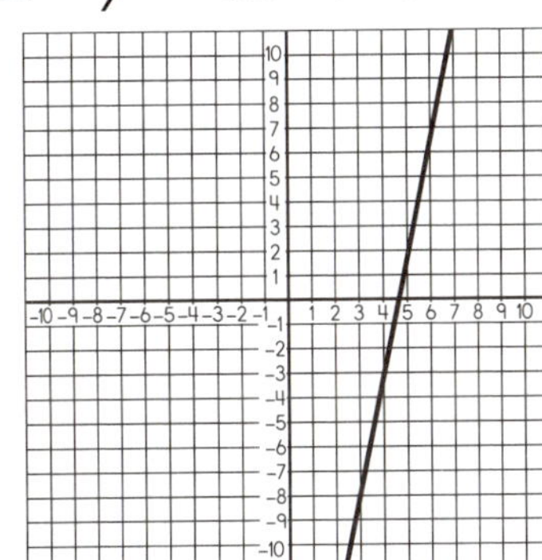

_______________

3.  $y = 3x - 2$   or

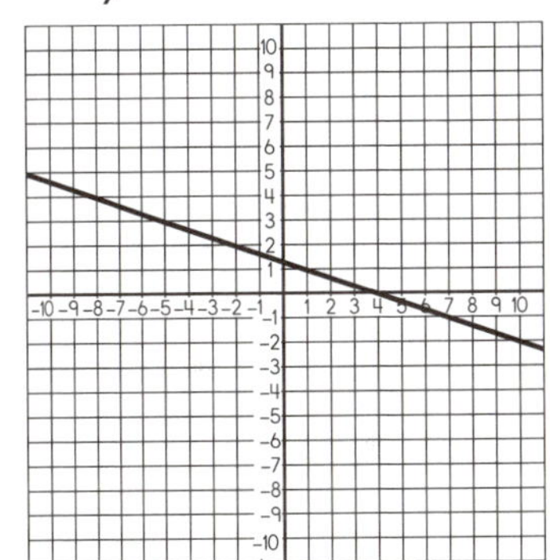

_______________

**Lee el pasaje. Dibuja tres líneas debajo de cada letra que deba ir en mayúscula.**

## Spanish Exploration

Spain made attempts to build settlements in florida, but all were failures. Then, king phillip II commissioned Pedro Menendez de Aviles to colonize Florida and drive out any pirates or settlers from other nations.

When menendez arrived in florida in 1565, he, his soldiers, and 500 colonists landed near the american indian village of seloy. Menendez and his men built a fort with the help of some american indians and named the new settlement st. augustine.

# DÍA 13

**Utilizando el siguiente esquema, organiza las palabras del banco de palabras.**

| vacas | mamíferos | ranas | salamandras | anfibios |
| animales | cardenales | leones | aves | petirrojos |
| cocodrilos | vertebrados | reptiles | serpientes | |

I. _______________________

A. _______________________

  1. _______________________    3. _______________________

    a. _______________________    a. _______________________

    b. _______________________    b. _______________________

  2. _______________________    4. _______________________

    a. _______________________    a. _______________________

    b. _______________________    b. _______________________

## Una actitud perseverante

*Perseverancia* significa *la acción continua, inclusive cuando la tarea es difícil.* Piensa sobre la perseverancia. ¿Cuándo has visto a la gente demostrar esta cualidad? ¿Qué estaban haciendo? ¿Qué esperaban lograr? Lee las siguientes situaciones, selecciona una. Después dibuja una tira cómica de tres recuadros mostrando el antes, el durante y el después. Asegúrate de incluir una descripción sobre la actitud perseverante en cada recuadro.

- Recientemente adoptaste a un cachorro. El cachorro es muy energético y juguetón. Al principio sus acciones son tiernas, pero conforme el cachorro crece te das cuenta de que un cachorro necesita ser entrenado. Sabes que enseñarle buenos modales tomará perseverancia de tu parte.

- Acabas de encontrar un gran campamento de verano que te ofrece todas las actividades que sueles disfrutar. Tu mejor amigo irá y tú también quieres ir. Tu familia te informa que deberás pagar parte de los gastos. Es mucho dinero el que tienes que ahorrar en un corto periodo de tiempo, pero decides perseverar y hacer el esfuerzo de ahorrar el dinero necesario.

**DATO:** La palabra *salario* (salary) viene del latín sal. Los soldados romanos recibían una remuneración para comprar sal.

Una *tabla de frecuencias* (frequency table) muestra qué tan seguido aparecen los valores en un conjunto de datos. La *frecuencia* (frequency) describe cuántas veces aparece un valor. La *frecuencia acumulada* (cumulative frequency) describe la suma de todas las frecuencias hasta ese punto. La *frecuencia relativa* (relative frequency) compara la frecuencia de cada número de la categoría con el número total. Completa los gráficos con los números que faltan. Responde de la forma más sencilla posible. A continuación, responde las preguntas. La altura en pulgadas de los alumnos es la siguiente: 66, 68, 65, 70, 67, 64, 70, 64, 66, 70, 72, 71, 69, 69, 64, 67, 63, 67, 71, 63, 68, 67, 65, 69, 65, 67, 66, 68, 64 y 69.

| | Rango de altura | Frecuencia | Frecuencia acumulada | Frecuencia relativa |
|---|---|---|---|---|
| | 63–64 | 6 | 6 | $\frac{1}{5}$ |
| | 65–66 | 6 | 12 | $\frac{1}{5}$ |
| 1. | 67–68 | | | |
| 2. | 69–70 | | | |
| 3. | 71–72 | | | |

4. ¿Cuál es la altura más común de los estudiantes? _________________

5. ¿Cuántos estudiantes fueron medidos? _________________

Un dado fue lanzado varias veces, con los siguientes resultados: 6, 5, 4, 4, 5, 6, 1, 2, 1, 6, 4, 3, 3, 3, 4, 2, 2, 5, 6, 4, 1, 2, 4, 3, 5, 5, 3, 3, 4 y 2.

| | Lanzamiento | Frecuencia | Frecuencia acumulada | Frecuencia relativa |
|---|---|---|---|---|
| 6. | 1 | | | |
| 7. | 2 | | | |
| 8. | 3 | | | |
| 9. | 4 | | | |
| 10. | 5 | | | |
| 11. | 6 | | | |

12. ¿Cuántas veces fue lanzado el dado? _________________

13. ¿Qué número apareció con más frecuencia? _________________

## DÍA 14

La *escritura persuasiva* (persuasive writing) pretende influir en el lector para que esté de acuerdo con una creencia, una posición o un curso de acción. La *escritura expositiva* (expository writing) proporciona información o explica algo que puede ser difícil de entender. La *escritura narrativa* (narrative writing) describe un acontecimiento o cuenta una historia.

**Lee cada descripción. Escribe *P* si es persuasiva, *E* si es expositiva o *N* si es narrativa para indicar el tipo de escritura.**

14. ________ a story about martians in a science fiction magazine

15. ________ the history of how Thomas Edison invented the lightbulb

16. ________ a letter published in a newspaper that encourages voters to support arts education in schools

---

**Elige del banco de palabras la palabra que corresponda con cada descripción.**

| | | | |
|---|---|---|---|
| gasohol | geotérmica | hidroeléctrica | solar |
| nuclear | biomasa | eólica (viento) | |

17. ________________ Energía producida por reacciones atómicas.

18. ________________ Energía obtenida de la radiación solar.

19. ________________ Energía que produce electricidad usando el flujo del agua.

20. ________________ Energía que produce que una turbina extraiga agua o produzca electricidad.

21. ________________ Energía obtenida del calor debajo de la superficie terrestre.

22. ________________ Energía obtenida de la quema de materiales orgánicos, como la madera.

23. ________________ Combustible producido cuando algunas plantas son convertidas en alcohol que después es mezclado con gasolina.

*Ve la página ii.

**Resuelve cada problema utilizando una fórmula del recuadro. Utiliza 3.14 para π.
Redondea las respuestas a la centésima más cercana.**

> Cilindro: $V = \pi r^2 h$      Cono: $V = \dfrac{1}{3}\pi r^2 h$      Esfera: $V = \dfrac{4}{3}\pi r^3$

1. Maddie tiene un cilindro de correo para carteles que mide 24 pulgadas de largo y 4 pulgadas de diámetro. ¿Cuál es el volumen del tubo?

   __________ in.$^3$

2. Una pelota de baloncesto tiene un diámetro de 9.4 pulgadas. ¿Cuál es el volumen de la pelota de baloncesto?

   __________ in.$^3$

3. Un sombrero de fiesta en forma de cono tiene 25 cms de altura y 21 cms de diámetro. ¿Cuál es el volumen del sombrero de fiesta?

   __________ cm$^3$

4. El vaso A tiene 84 mm de diámetro y 175 mms de altura. El vaso B tiene 96 mms de diámetro y 125 mms de altura. ¿Qué vaso contiene más líquido? ¿Cuánto más?

   El vaso __________ contiene __________ mm$^3$ más líquido que el vaso __________.

**Utiliza el contexto de cada oración para que puedas determinar el significado de la palabra subrayada. Escribe el significado en la línea. A continuación, busca la palabra en un diccionario impreso o en línea para verificar la definición.**

5. We hoped to go to the beach for a vacation this summer, but after my stepdad started a new job, it just wasn't <u>feasible</u>.

   _______________________________________________

6. Kirsten decided to <u>juxtapose</u> several photographs in a collage she created for Mr. Ruben's art class.

   _______________________________________________

7. A <u>pungent</u> odor filled the room when Mrs. Petrelli dropped the eggs.

   _______________________________________________

8. As I read the story, I noticed a <u>motif</u> of mirrors appearing repeatedly.

   _______________________________________________

**Lee el pasaje. A continuación, responde las preguntas.**

### Sue Hendrickson

As a child, Sue Hendrickson loved to dig and was always searching for treasures. In the mid-1970s, Hendrickson went hiking with friends to an amber mine. A miner showed Hendrickson a piece of amber with a 23-million-year-old insect trapped inside. This began her lifelong search for **fossils**.

Hendrickson began her career as an archaeologist by digging for bones in the deserts of Peru. She worked with a group of archaeologists who searched for bones of water animals in land that was once under the sea. She helped discover whale, dolphin, and seal bones hundreds of miles from existing water.

In 1990, Hendrickson journeyed to South Dakota with an archaeological team that was digging for dinosaur bones. When the team's truck had a flat tire, the other scientists left to get the tire fixed. But, Hendrickson and her dog stayed behind and went for a walk. She wanted to examine some cliffs that they had not had time to explore.

Hendrickson saw some bones on the ground and looked up. Preserved in the sandstone cliff above her was an enormous dinosaur skeleton! The group immediately began to work on the find. They uncovered the largest, most complete *Tyrannosaurus rex* skeleton ever found. The team named the *T. rex* Sue, after its discoverer.

This was not Sue Hendrickson's only adventure. Two years later, she went with other scientists to explore a Spanish trading ship that sank in 1600. They uncovered huge stone jars, 100 skeletons, and more than 400 gold and silver coins at the shipwreck.

9. Which of the following words best describes Sue Hendrickson?

    A. stern      B. adventurous      C. quiet      D. funny

10. What does the word *fossil* mean? _______________________________________

11. In what year did Hendrickson discover the *T. rex* skeleton? _______________________

12. How did Hendrickson find the T. rex bones?

    A. She was digging in the earth with scientists when they found the skeleton.

    B. Her dog found the bones and ran back to get her.

    C. She went for a walk while she was waiting for a flat tire to be fixed.

13. With an adult's help, watch a video interview with Sue Hendrickson that you find online. What are the advantages of using more than one type of media to research and learn about a topic? Use a separate sheet of paper to write your response.

Una *gráfica de tallo y hojas* (stem-and-leaf plot) es una forma de organizar un conjunto de datos. En una gráfica de tallo y hojas, el *valor posicional* (place value) común a un grupo de números se utiliza para el tallo. Los valores de lugar inferiores forman las hojas. Por ejemplo, si un conjunto de datos contiene los números 11, 14, 15 y 16, la gráfica de tallo y hojas se vería así: 1 | 1, 4, 5, 6.

1. Escribe dos situaciones en las que te convendría usar una gráfica de tallo y hojas para organizar números. _______________________________________________

_______________________________________________

**Utiliza la gráfica de tallo y hojas para responder a las preguntas.**

2. Haz una lista con los números en el tallo.

_______________________________

3. ¿Cuántos números tiene el tallo 6?

_______________________________

4. Anota el número bajo y el número alto.

_______________________________

5. ¿Cuál es el rango?

_______________________________

| Tallo | Hoja |
| --- | --- |
| 4 | 6, 8 |
| 5 | 2, 8, 9 |
| 6 | 1, 2, 5, 5 |
| 7 | 3, 4, 4 |

**Añade las comas necesarias en cada oración. Escribe _A_ si las comas separan un *apositivo* (appositive) o una *frase apositiva* (appositive phrase), _D_ para una *dirección directa* (direct address) o _P_ para una *expresión parentética* (parenthetical expression).**

6. _______ The answer of course is 44.

7. _______ Bridget the tallest girl on the team is a great tennis player.

8. _______ If you wait Justin we will go with you.

9. _______ Button stop scratching the cushions.

10. _______ Nadia please call your brother on the phone.

11. _______ I told you Shay not to wait too long to start your project.

12. _______ Mrs. Ramirez the hardest seventh-grade English teacher gave me an A on my essay.

## DÍA 16

**Lee cada *efecto* (effect). Luego, escribe una posible *causa* (cause).**

### Causa

13. _______________________________
_______________________________

14. _______________________________
_______________________________

15. _______________________________
_______________________________

16. _______________________________
_______________________________

17. _______________________________
_______________________________

### Efecto

A. Looking haggard, Melissa arrived late for biology class.

B. Thousands of people, some in red and blue caps, others in green and white, gathered in the large arena.

C. The Canadian gymnast performed her best balance beam routine to win an Olympic gold medal.

D. Crying, Jackie clutched her crimson purse and began the long walk home.

E. Dr. Peoples asked the patient to go to the third floor for a chest X-ray.

Un *cambio físico* (physical change) ocurre gracias a una fuerza, como el movimiento, la temperatura o la presión. Por ejemplo, cuando se agrega energía (calor) al hielo, este se derrite. El estado de la materia cambia, pero su composición química se mantiene igual. Cuando ocurre un *cambio químico* (chemical change), las moléculas de un objeto cambian. Una nueva sustancia con una composición química se forma. Por ejemplo, cuando el hierro se oxida, ocurre un cambio en un tiempo largo. Las moléculas de hierro se combinan con el oxígeno para producir óxido de hierro.

**Identifica cuál es un cambio físico y cuál es un cambio químico.**

18. agua congelándose_______________________________

19. madera quemándose _______________________________

20. freír un huevo _______________________________

21. vidrio rompiéndose_______________________________

22. comida echándose a perder _______________________________

**PRUEBA DE CARÁCTER:** Dibuja una tira cómica con un personaje que demuestre determinación.

Encuentra la distancia entre cada uno de los puntos dados utilizando el teorema de Pitágoras. Redondea las respuestas a la centésima más cercana.

1.
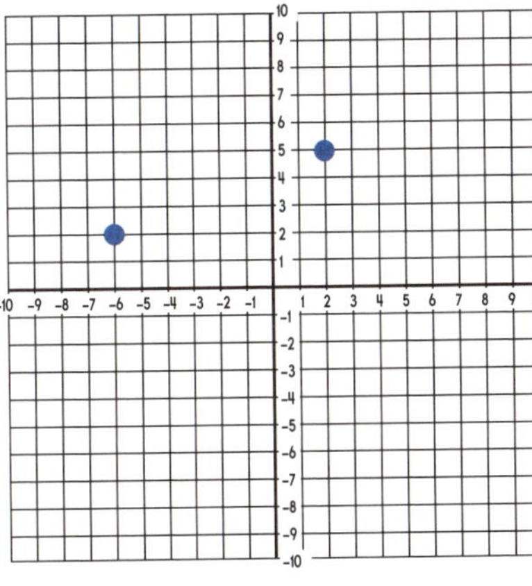

2.
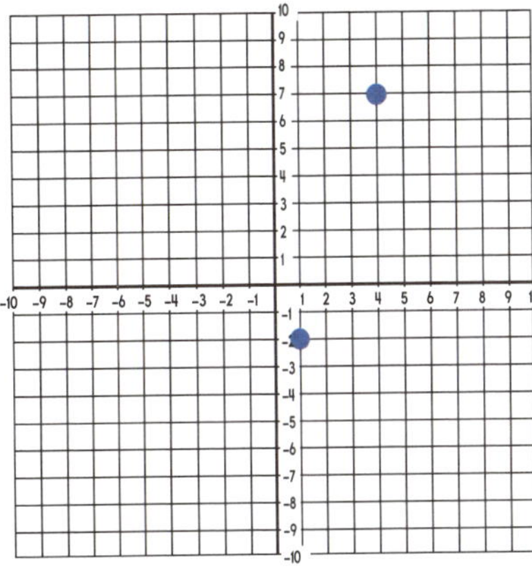

3.
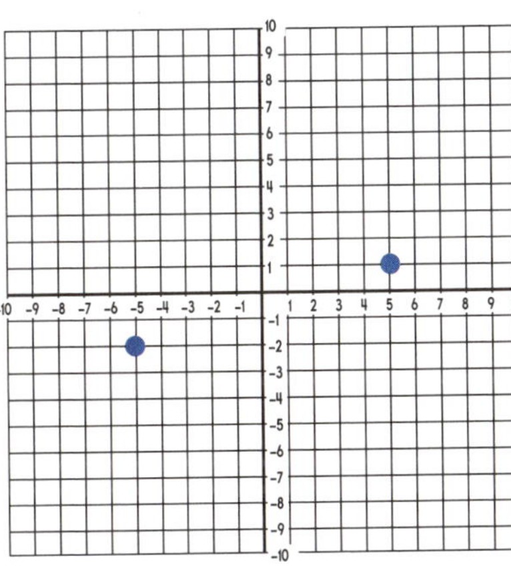

4.
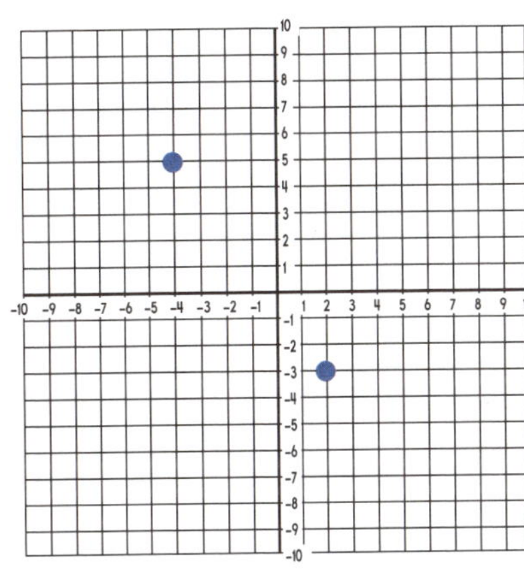

Escribe en inglés una breve charla para alumnos de primaria sobre cómo administrar el tiempo de forma inteligente. Incluye datos y ejemplos concretos. Utiliza otra hoja si necesitas más espacio.

# DÍA 17

Muchos libros de no ficción contienen características que transmiten u organizan la información de diferentes maneras. Del banco de palabras elige cada característica del libro y escríbela junto a su definición.

| table of contents | index | glossary | pictures |
| title page | caption | bibliography | |

5. ________________________ an alphabetical list of special terms and their definitions found in the back of a book

6. ________________________ a list of reference books and articles found in the back of the book

7. ________________________ an alphabetical list at the back of the book that includes people, places, key words, or topics in the book, with page numbers for quick reference

8. ________________________ a description or explanation for a photograph or illustration

9. ________________________ a page at the front of the book listing the book title and author, and usually the publisher

10. ________________________ illustrations or photographs

11. ________________________ a list of chapters and corresponding page numbers found at the front of the book

## Caminata

La caminata es un gran ejercicio para desarrollar resistencia. Programa un tiempo o una distancia meta para tu primera caminata. Luego, piensa en qué lugares podrías caminar. Haz un plan con un familiar, amigo o conocido de tu comunidad. Vayan a una pista en algún parque local o a un centro comercial. Programa metas mensuales para incrementar tu tiempo o distancia de caminata. Monitorea tu progreso. ¡Antes de que te des cuenta, estarás caminando varias millas y mejorando tu resistencia y condición física!

**ACONDICIONAMIENTO FÍSICO:**
Salta 10 veces sobre tu pie izquierdo.

*Ve la página ii.

**Para resolver un sistema de ecuaciones, sustituye una ecuación por *y* en la otra ecuación. Luego, resuelve la *x*. Finalmente, sustituye el valor de *x* en una de las ecuaciones para resolver la *y*. Resuelve cada sistema de ecuaciones. Establece los valores de x e y como un par ordenado.**

1. $y = 2x$
   $y = x + 4$

2. $y = x - 5$
   $y = 2x + 1$

3. $y = 4x - 5$
   $y = 2x + 3$

4. $y = 5x - 14$
   $y = x + 10$

5. $y = -2x + 1$
   $y = 4x - 3$

6. $y = x + 7$
   $y = -4x - 2$

**Lee cada oración. Añade puntos, comas y dos puntos si es necesario.**

7. Mr. Cole decided to meet with Ms. Grayson Ben's math teacher Mr. Robbins his science teacher and Mrs. Abernathy his English teacher.

8. Raymond Webb just graduated from college he plans to attend law school.

9. The first rule in this class respect other students' rights.

10. The parent company left its main facility open but closed plants in Greensboro North Carolina Jacksonville Florida and Harrisburg Pennsylvania.

11. Will Rogers made this comment on attitude "Don't let yesterday use up too much of today."

12. Alyson accepted the job as a telemarketer for one reason she wanted to work at home while Amy was a baby.

13. Have you ever heard the saying "You can't afford the luxury of a negative thought"?

14. Grace did well in three subjects therefore she will have a high average at the end of the semester.

# DÍA 18

**Lee el pasaje. A continuación, responde las preguntas.**

## The Tang Dynasty

For many years, China was governed by a series of dynasties, or rulers from the same families. The Tang Dynasty, which ruled from about AD 618 to 907, is considered to have been one of the most prosperous dynasties. This period is referred to as China's Golden Age. The arts, including theater, dance, sculpting, and painting, were all valued and very popular during this time. More than one million people lived in the capital city of Chang'an. Farmers were allowed to own land, although this later changed. People who wanted to work in the government had to pass a difficult exam. Only the smartest and most educated people could serve as government officials. The Tang Dynasty charged taxes per individual in a family instead of by property owned. So, the government conducted a very accurate census to determine the empire's population, and households paid taxes on grain and cloth. Trade inside China and to other countries also flourished because new roads and canals built by the previous Sui Dynasty made travel easier. Today, the period ruled by the Tang Dynasty is remembered as a time of great cultural achievement.

15. What is the main idea of this passage?
    A. The Tang government taxed grain and cloth.
    B. The Tang Dynasty lasted for nearly 300 years.
    C. The Tang Dynasty ruled during a period of great cultural achievement.

16. What artistic activities were popular during the Tang Dynasty?_______________
    _________________________________________________________________________

17. How did people become government officials?__________________________________
    _________________________________________________________________________

18. Why did the government conduct a census? ___________________________________
    _________________________________________________________________________

19. Why did trade during the Tang Dynasty flourish?______________________________
    _________________________________________________________________________

**DATO:** Una de cada dos personas en el mundo tiene menos de 25 años.

**Compara utilizando <, > o =.**

1. $\sqrt{\frac{1}{9}}$ _______ $\frac{1}{4}$

2. $\frac{4}{7}$ _______ $\sqrt{3}$

3. $\sqrt{50}$ _______ $\sqrt[3]{125}$

4. $25$ _______ $\sqrt{5}$

5. $\sqrt{11}$ _______ $3$

6. $5$ _______ $\sqrt[3]{45}$

7. $\sqrt{\frac{4}{49}}$ _______ $\frac{3}{5}$

8. $\sqrt{600}$ _______ $6^2$

9. $100$ _______ $\sqrt[3]{10^6}$

**Lee el pasaje. Añade la puntuación y corrige cualquier otro error que sea necesario modificar.**

The origin of the ice-cream cone has been controversial for several centuries some historians claim that the first paper cone came from France while others maintain that metal cones were used in Germany. Still other people say that an Italian genius introduced the first ice-cream cone.

Ice cream was referred to in Europe as iced pudding and the cones were called wafers. Eating establishments often served the wafers after a meal to soothe digestion. But, once chefs rolled the wafers into funnels the cones could be filled with anything including ice cream.

However many Americans believe that the first edible ice-cream cone was created in the United States. Italo Marchiony who emigrated from Italy created edible cones and sold them from pushcarts in the streets of New York City for a penny each. Marchiony eventually patented his invention in 1903.

## DÍA 19

**De cada grupo elige la palabra o la frase que no pertenezca. Luego, explica tu selección.**

10. A. central
    C. stratus
    B. cirrus
    D. cumulus

11. A. pulley
    C. crate
    B. wedge
    D. screw

12. A. oxygen
    C. helium
    B. hydrogen
    D. calcium

13. A. skeletal
    C. muscular
    B. temperature
    D. circulatory

14. A. artery
    C. ribosome
    B. membrane
    D. mitochondrion

Crea un glosario en inglés para un libro sobre superhéroes. ¿Qué palabras podrías incluir en ese glosario? Sé creativo. Inventa nuevas palabras o definiciones especiales. Crea al menos 20 entradas para tu glosario de superhéroes. Utiliza otra hoja si es necesario.

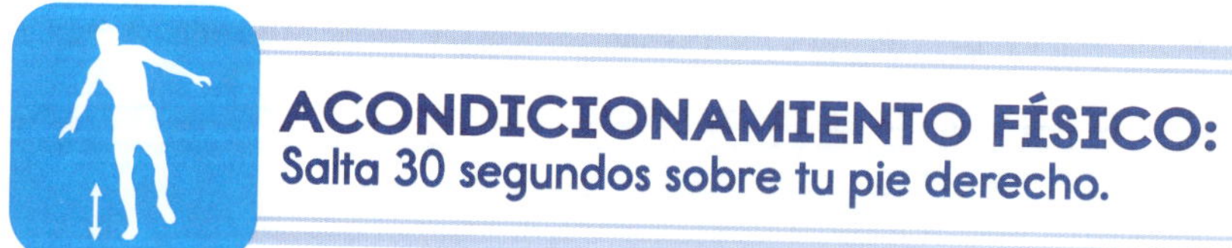


*Ve la página ii.

## DÍA 20

**Establece un sistema de ecuaciones para resolver cada problema.**

1. Stella tiene 63 monedas. Unas son de 25, y otras son de 10 centavos. Tiene un total de 10.80 dólares. ¿Cuántas monedas de 25 centavos y cuántas de 10 centavos tiene Stella?

   Ecuación 1: _____________________    Ecuación 2: _____________________

   Stella tiene _______ monedas de 25 centavos y _________ monedas de 10 centavos.

2. El sábado pasado, 1 750 personas asistieron a un evento en Fairway Gardens. El precio de la entrada era de 3.50 dólares para niños y de 8 dólares para adultos. Si la cantidad total de dinero recaudada en el evento fue de 9 860 dólares, ¿cuántos niños y cuántos adultos asistieron al evento?

   Ecuación 1: _____________________    Ecuación 2: _____________________

   _________ adultos y _________ niños asistieron al evento.

**Lee cada par de oraciones. Encierra en un círculo la letra de la frase que tenga un error.**

3. A. The dance was a lot of fun.
   B. Me and my friend got home late.

4. A. She did good on the exam.
   B. My dad works many hours.

5. A. Is your bicycle broke?
   B. My ankle looks like it is swollen.

6. A. I don't want no homework.
   B. Did you mean to say that?

7. A. Sam and I walked to the store.
   B. She changed it's tire.

8. A. Trenton spread alot of jam on the bread.
   B. Can you wait a minute?

9. A. The ocean was so choppy.
   B. There car would not start.

10. A. He played bad.
    B. The tennis game had no winner.

**Ellen, Julie, Ben y Dante son deportistas. Cada uno practica un deporte diferente: tenis, golf, patinaje y atletismo. Los cuatro atletas están sentados en una mesa cuadrada. Utiliza la información de abajo y el razonamiento deductivo para determinar el deporte de cada persona y el lugar en el que está sentado cada atleta.**

- Quien hace atletismo se sienta frente a Dante.

- Quien juega tenis se sienta a la derecha de Julie.

- Dante y Julie se sientan uno junto al otro.

- Un hombre se sienta a la izquierda de quien hace atletismo.

- Quien hace patinaje se sienta a la izquierda de quien juega tenis.

**Escribe el nombre de cada personaje del Renacimiento junto a su descripción.**

| | |
|---|---|
| Miguel de Cervantes | Elizabeth I |
| John Milton | Galileo Galilei |
| Leonardo da Vinci | Johannes Gutenberg |
| Miguel Ángel | |

11. _______________________________ inventó la imprenta mecánica.

12. _______________________________ fue un novelista, poeta y dramaturgo cuyo libro, *Don Quijote,* es considerado la primera novela de la Modernidad.

13. _______________________________ fue un pintor, escultor, arquitecto e ingeniero que esculpió el *David* y pintó el techo de la Capilla Sixtina.

14. _______________________________ fue un físico, matemático y astrónomo conocido por su creencia de que el Sol es el centro del universo.

15. _______________________________ fue un científico, artista, inventor y matemático cuya pintura más famosa es la *Mona Lisa.*

16. _______________________________ fue un poeta y autor de *El paraíso perdido.*

17. _______________________________ gobernó durante el Renacimiento y se le conoce porque dio inicio a un periodo de prosperidad para Inglaterra.

**PRUEBA DE CARÁCTER:** Escribe cinco cosas por las que estés agradecido.

## La erosión

El viento, el agua y el hielo pueden dar forma y reconfigurar diversos accidentes geográficos en la superficie de la Tierra. Con el tiempo, las dunas de arena retroceden, las rocas se rompen en la arena y las montañas irregulares se convierten en suaves colinas. La erosión es el movimiento de la roca y el suelo de una zona a otra de la superficie terrestre.

**Materiales:**
- pequeño recipiente de plástico
- arcilla para modelar
- cucharita para medir
- taza de agua
- taza de tierra para macetas
- cubito de hielo
- taza de arena

**Procedimiento:**

Vierte la arena en el recipiente de plástico. Sopla suavemente sobre la arena. ¿Qué ocurre? Esto se parece a cómo el viento afecta a la arena. El viento recoge la arena de un lugar y la traslada a un lugar diferente. Esto se llama *erosión del viento* (wind erosion). Vierte con cuidado la arena de nuevo en la taza.

Vierte la tierra en el recipiente de plástico. Aprieta bien la tierra en el fondo del recipiente. Vierte con cuidado un pequeño río de agua en el centro de la tierra. Mueve la taza con un movimiento de vaivén mientras lo viertes hasta que la taza esté vacía. ¿Qué hizo el agua en la tierra? Con el tiempo, el agua puede tener el mismo efecto sobre la roca. Esto se llama *erosión del agua* (water erosion). Vuelve a verter con cuidado la tierra en el vaso.

Presiona la arcilla para modelar en el fondo del recipiente de plástico. Espolvorea 1 cucharadita (5 ml) de arena sobre la arcilla. Frota el cubito de hielo sobre la arena. ¿Qué pasó con la arena? ¿Qué pasó con la arcilla? Cuando los glaciares se mueven lentamente sobre la tierra, recogen rocas que raspan el terreno y dejan profundos arañazos. A esto se le llama *erosión del hielo* (ice erosion).

**Completa las siguientes frases.**

1. ______________________ puede mover la tierra y la arena de una zona a otra.

2. Cuando ______________________ fluye en los ríos y otras masas de agua, recoge piedras y arena a lo largo del fondo y los lados.

3. El duro ______________________ de los glaciares raspa la tierra, recogiendo tierra y cantos rodados por el camino.

## EXTRA

# Examinando los efectos de la lluvia ácida

La lluvia ácida es un grave problema medioambiental. La lluvia ácida puede destruir los bosques, dañar la vida salvaje y erosionar edificios, monumentos y estatuas. La lluvia ácida se produce cuando el vapor de agua del aire reacciona con el dióxido de azufre y el óxido de nitrógeno, lo que a su vez produce ácido sulfúrico y ácido nítrico. Estas sustancias químicas caen a la tierra en forma de lluvia ácida y son contaminantes que provienen de la quema de combustibles fósiles como el carbón y la gasolina. En este experimento, los alumnos descubrirán cómo afecta la lluvia ácida a las plantas.

**Materiales:**
- 4 fichas
- 4 plantas idénticas en maceta
- agua de la llave
- botella de agua
- vinagre
- jugo de naranja
- tazas para medir

**Procedimiento:**

Utiliza las fichas para etiquetar las plantas de la siguiente manera: *Planta 1: Agua de la llave, Planta 2: Botella de agua, Planta 3: Agua de la llave y vinagre, Planta 4: Agua de la llave y jugo de naranja.*

Riega todas las plantas con la misma cantidad de líquido al mismo tiempo. Échale a la planta 1 agua de la llave, a la planta 2 agua embotellada y a la planta 3 una mezcla 1:1 de agua de la llave y vinagre. Por ejemplo, añade 1/4 de taza (59 mL) de vinagre a 1/4 de taza (59 mL) de agua de la llave. A continuación, échale a la planta 4 una mezcla 1:1 de agua de la llave y jugo de naranja.

Coloca las plantas cerca de una ventana o en una zona bien iluminada para que reciban la misma cantidad de luz. ¿Qué aspecto tiene cada planta? Anota tus observaciones en la tabla. Después, utiliza lo que aprendiste para completar la conclusión que aparece a continuación.

|  | Semana 1 | Semana 2 | Semana 3 | Semana 4 |
|---|---|---|---|---|
| Planta 1 |  |  |  |  |
| Planta 2 |  |  |  |  |
| Planta 3 |  |  |  |  |
| Planta 4 |  |  |  |  |

Las mezclas ______________ y ______________ son similares a la lluvia ácida en cuanto a cómo afectan a las plantas. ______________ contiene un ácido llamado *ácido cítrico* (citric acid). ______________ también es un ácido. Estas dos sustancias mezcladas con agua duplican los efectos de la lluvia ácida en las plantas. Los ácidos debilitan las plantas, y cuando no se les da agua fresca, mueren.

## Presupuestar

El gobierno federal de Estados Unidos recibe dinero de los impuestos y decide cómo gastarlo. Con muchos gastos y programas que financiar, a menudo es difícil decidir cuánto gastar en cada rubro o asunto. El gobierno suele pedir dinero prestado para pagar todos estos gastos y programas. Este dinero prestado se convierte en la deuda nacional.

A continuación se presenta una lista de cosas que podrías querer comprar o hacer. Cada artículo de la lista tiene un rango de precios. Asume que cuanto más dinero gastes, mejor producto o servicio recibirás. (Nota para el consumidor: esto no siempre es cierto, pero para esta actividad, finge que lo es). Solo tienes 75 dólares para gastar, pero quieres hacer todo lo que puedas con ellos. Tienes un poco de dinero extra en tu cuenta de ahorros y tu hermano te ha dicho que también te prestará algo.

**Debes decidir qué artículos o servicios vas a comprar y cuánto vas a gastar en cada uno. Intenta no tomar de tus ahorros o pedir prestado a tu hermano porque te endeudarás. Encierra en un círculo tus opciones y escribe lo que decidiste gastar en cada una de ellas. Al final de la página, indica el total gastado. Luego, explica por qué decidiste comprar cada artículo.**

| | |
|---|---|
| _________ regalo para mamá ($10–$25) | _________ casco y almohadillas para la patineta ($15–$20) |
| _________ teléfono celular ($5–$40) | _________ libro ($7–$16) |
| _________ servicio de telefonía celular ($25–$38) | _________ guitarra ($31–$50) |
| _________ videojuego ($15–$33) | _________ clases de guitarra ($5–$9) |
| _________ zapatos ($29–$50) | _________ pizza ($6–$12) |
| _________ patineta ($22–$48) | _________ entrada de cine ($2–$8) |

Total gastado: ___________________________

¿Por qué decidiste comprar cada artículo? ___________________________

___________________________________________________________________

___________________________________________________________________

Visita www.treasurydirect.gov/kids/kids.htm (página en inglés) para conocer más sobre la historia de la deuda nacional de Estados Unidos. En una hoja aparte, escribe varios párrafos en los que compares y contrastes la deuda personal (la que tendrías si le pidieras dinero prestado a tu hermano) con la deuda nacional.

**EXTRA**

## Comparando países

Para los siguientes países, investiga y escribe un dato para cada categoría.

|  | Argentina | Finlandia | Camboya |
|---|---|---|---|
| Población |  |  |  |
| Capital |  |  |  |
| Idioma(s) oficial(es) |  |  |  |
| Tipo de gobierno |  |  |  |
| Productos |  |  |  |

## Movimiento sufragista de mujeres

A medida que avanzaba el siglo XX, las mujeres seguían sin poder votar en Estados Unidos. Tenían trabajos, criaban familias, participaban en la política y mantenían el país en marcha durante la Primera Guerra Mundial, pero no se les permitía ayudar a elegir a los líderes de la nación.

Elizabeth Cady Stanton fue una voz fuerte en el movimiento por el sufragio femenino o el derecho al voto. Se presentó como candidata al Congreso en 1866. Aunque no podía votar en ese momento, sí podía competir en las elecciones. Stanton solo obtuvo 24 votos. Esta derrota no la detuvo. Susan B. Anthony también trabajó incansablemente para conseguir el derecho al voto de las mujeres. Viajó de un lado a otro del país dando discursos.

Elizabeth Cady Stanton y Susan B. Anthony nunca se rindieron. Finalmente, el 18 de agosto de 1920, se ratificó la 19ª enmienda. Concedió a las mujeres estadounidenses el derecho al voto.

Imagina que vas a pronunciar un discurso en apoyo del sufragio femenino. Responde a las preguntas para planear tu discurso. Es posible que también tengas que investigar los antecedentes.

**Encierra tus opciones en un círculo.**

1. Vas a imaginar que eres
    A.  Susan B. Anthony.
    B.  Elizabeth Cady Stanton.
    C.  un político en 1919 que necesita votos.

2. Vas a escribir tu discurso sobre
    A.  por qué las mujeres deben tener el derecho al voto.
    B.  cómo el sufragio femenino ayudará al país.
    C.  tus propios sentimientos y experiencias.

3. Te gustaría que las personas que escuchen tu discurso
    A.  estén de acuerdo con tu punto de vista.
    B.  se unan al movimiento.
    C.  hablen del movimiento a otras personas.

**Termina cada oración. Escribe tu discurso en una hoja aparte.**

4. La razón principal por la que estoy dando un discurso sobre el sufragio femenino es

_______________________________________________________________ .

5. He hablado sobre los derechos de la mujer __________ veces.

6. Un detalle que utilizaré en mi discurso es _______________________________

_______________________________________________________________ .

# EXTRA

## ¡Vamos afuera!

Planea asistir a un evento especial de verano con un miembro de tu familia. Discute los posibles gastos, como el costo del combustible, la comida, la entrada y el estacionamiento. Haz una lista de estos gastos. A continuación, proyecta los costos de cada cosa y el costo total del viaje familiar. Revisa el presupuesto con tu familia el día del evento. Guarda todos los recibos a medida que vayas gastando el dinero. Suma todos los recibos al final del día. ¿Cuánto gastaron? ¿Se ajustó al presupuesto? ¿Te pasaste o no del presupuesto? Comparte los resultados con tu familia.

Encuentra un lugar en tu comunidad que venda fuentes de energía alternativas. Llama con antelación para programar una visita. Lleva un bolígrafo y un cuaderno, entrevista a un vendedor sobre las ventajas de utilizar la fuente de energía alternativa. Pide folletos que expliquen el aparato o la función y el propósito de la instalación. Después de la entrevista, revisa tus notas y los folletos. A continuación, crea un anuncio de 30 segundos sobre las ventajas de utilizar esta fuente de energía alternativa. Envía una carta de agradecimiento a la persona que entrevistaste y describe lo que aprendiste.

Visita, en compañía de un adulto, una zona de tu comunidad donde la gente haga ejercicio al aire libre. Lleva un bolígrafo y un cuaderno. Haz una lista de las distintas actividades que veas que realiza la gente, como correr, montar en bicicleta, caminar o navegar en kayak. A continuación, cuenta el número de personas que realizan cada actividad. Al cabo de una hora, cuenta las marcas. Determina cuántas personas viste haciendo ejercicio y los porcentajes de cada forma de ejercicio observada. ¿Qué forma de ejercicio tuvo el mayor porcentaje? ¿Cuál fue la más baja?

## Sección I

**Día 1/Página 3:** 1. 496 ft.²; 2. 346 mm²; 3. 880 in.²; 4. 168 cm³; 5. 960 m³; 6. 420 yd.³; Los alumnos deberán dibujar tres líneas debajo de las palabras que aparecen en color verde: **American** pioneers followed several <u>routes</u> on their <u>journeys</u> west. <u>Pioneers</u> from **New England** traveled across **New York** on the **Mohawk Trail**. **Another** <u>route</u> led through the **Cumberland Gap**, a natural <u>pass</u> in the **Appalachian Mountains** that ends near the <u>borders</u> of **Kentucky**, **Tennessee**, and **Virginia**. **The** first <u>groups</u> of <u>settlers</u> crossing the **Appalachian Mountains** in the late <u>1700s</u> and early <u>1800s</u> followed these early <u>trails</u>. The popular **Conestoga** <u>wagon</u>, which originated in **Pennsylvania** and was probably introduced by **Mennonite German** <u>settlers</u>, carried many <u>pioneers</u> migrating southward through the **Great Appalachian Valley** along the <u>Great Wagon Road</u>.; 7. D; 8. B; 9. B; 10. D; 11. A; 12. F; 13. E; 14. G; 15. A; 16. C; 17. B; 18. D

**Día 2/Página 5:** 1. cuadrilátero; 2. cuadrilátero; 3. rectángulo; 4. triángulo; 5. Lila has always felt competitive with her intelligent, charming, athletic older sister.; 6. The heavy, leather-bound antique dictionary had been passed down for four generations.; 7. The nervous, expectant mother was sure that her baby would arrive before morning.; 8. The Goldsteins had driven hundreds of miles to see the majestic, towering redwood trees.; 9. Nazir picked nearly a bushel of juicy, red apples.; 10. It seemed only fitting that Monday began as a chilly, gray, drizzly day.; 11. The clear, blue water seemed to beckon to Rafael.; 12. The brown, spotted frog jumped onto a rock and sat there motionless all morning.; 13. Juice from the plump, ripe strawberries dribbled down Katrina's chin.; 14. The eager, excited fans cheered when the players jogged onto the field.; 15. N; 16. P; 17. N; 18. N; 19. P; 20. P; 21. P; 22. P; 23. C; 24. firsthand information about an event from the view of someone who was present when the event happened; 25. information from primary sources; 26. Las respuestas variarán.

**Día 3/Página 7:** 1. $\frac{19}{40}$ tazas de caldo por ración;

2. $\frac{50\frac{4}{5}}{4} = \frac{m}{1}$, $12\frac{7}{10}$ millas por hora;

3. $\frac{124\frac{7}{8}}{25} = \frac{g}{1}$, $4\frac{199}{200}$ galones por minuto;
4.–10. Las letras en verde deben encerrarse en un círculo. 4. fa**cili**tate, verb, to make something easier; 5. **mezza**nine, noun, the lowest balcony in a theater; 6. a**ccom**plice, noun, someone associated with another, especially in wrongdoing; 7. **pro**mulgate, verb, to make an idea known to many people; 8. **patri**arch, noun, a man who controls a family, group, or government; 9. **con**fiscate, verb, to take away; 10. u**tilitar**ian, adjective, necessary; 11. B; 12. B; 13.

The main idea of the selection is that honeybees have a special relationship with flowers. The second paragraph provides details about how bees communicate the location of flowers.

**Día 4/Página 9:**

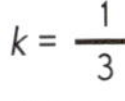

| $x$ | 1 | 2 | 3 | 4 | 5 |
|---|---|---|---|---|---|
| $y$ | 3 | 6 | 9 | 12 | 15 |

$k = \dfrac{1}{3}$

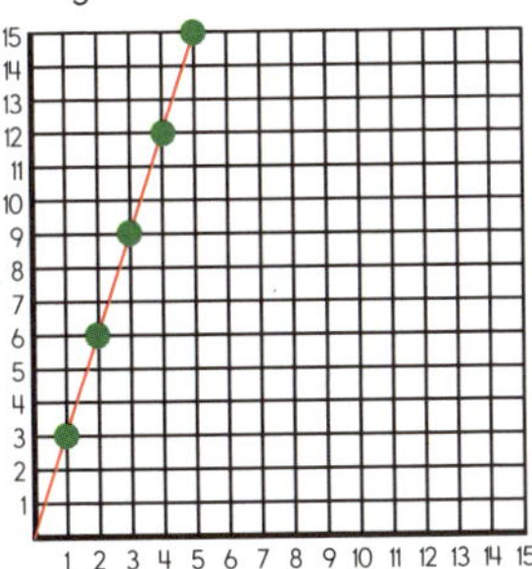

La gráfica es una línea recta; 1. h; 2. f; 3. a; 4. c; 5. g; 6. b; 7. d; 8. e; 9. bulldozer; 10. doze; 11. perilous; 12. recipe; 13. breakfast; 14. charcoal; La escritura de los alumnos variará.

**Día 5/Página 11:** 1. 8 m; 2. 15 cm; 3. 28 m; 4. 32 in.;
5. $\frac{1}{6}$; 6. $\frac{1}{3}$; 7. $\frac{1}{2}$; 8. $\frac{5}{6}$; 9. $\frac{1}{2}$; 10. $\frac{2}{3}$; 11. A;
12. B; 13. B; 14. B; 15. A; 16. A

**Día 6/Página 13:** 1. La clase de Charley; 2. Charley; 3. 4 de 25, o cerca de 1 de cada 6; 4. alrededor de 10; 5.–11. Los estudiantes deberán subrayar con dos líneas las palabras en verde: 5. **is**, <u>novel</u> → *The Book Thief*; 6. **is**, <u>author</u> → Charles Dickens; 7. **is**, <u>wizard</u> → One; 8. **is**, <u>tale</u> → story; 9. **is**, <u>book</u> → *Harry Potter and the Sorcerer's Stone*, 10. **is**, <u>book</u> → *The Westing Game*; 11. **are**, <u>novels</u> → *Animal Farm* and *1984*; 12. They wanted each state to have the same number of representatives so that less-populated states would have as much say as more-populated states.;
13. They would have more votes than the smaller states.; 14. when two sides make concessions to reach an agreement; 15.–16. Las respuestas variarán.

**Día 7/Página 15:** 1. ∠S y ∠Z, ∠T y ∠Y; 2. ∠V y ∠W, ∠U y ∠X; 3. ∠V y ∠X, ∠U y ∠W; 4. ∠T y ∠X, ∠V y ∠Z, ∠S y ∠W, ∠U y ∠Y; 5. ∠U y ∠T, ∠S y ∠V, ∠X y ∠Y, ∠W y ∠Z; 6. ∠S y ∠U, ∠X y ∠Z, ∠T y ∠V, ∠W y ∠Y; 7. correspondientes; 8. exteriores alternativos; 9. interiores alternativos; 10. interiores consecutivos; 11. exteriores alternativos; 12. correspondientes; 13. outlet; 14. gift; 15. bracelet; 16. minutes; 17. life; 18. roses; 19. Miss Osbourne; 20. career; 21. B; 22. A; 23. C; 24. C; 25. A; 26. B; Beki: número de camisa 34, 10 minutos; Joey: número de camisa 13, 11 minutos; Nick: número de camisa 20, 12 minutos; Carmen: número de camisa 2, 14 minutos

**Día 8/Página 17:** 1. 214 veces; 2. 21 veces; 3. 31 veces; 4. class; 5. them; 6. you; 7. me; 8. us; 9. him;

10. her; 11. Miss Sherman; 12. volunteers; 13. brother; 14.–21. Answers will vary but may include: 14. <u>drew a line in the sand</u>, created a boundary; 15. <u>keep your shirt on</u>, stay calm; 16. <u>went belly up</u>, died; 17. <u>keep a straight face</u>, not show emotion; 18. <u>in a dead heat</u>, in a tie; 19. <u>a bull in a china shop</u>, clumsily breaking things; 20. <u>wade through the stack</u>, sort through; 21. <u>jockeyed for position</u>, tried to be first in line.

**Día 9/Página 19:**

| blanco | | | | | | | | | centeno | | | | | | | | | pumpernickel | | | | | | | | |
|---|---|---|---|---|---|---|---|---|---|---|---|---|---|---|---|---|---|---|---|---|---|---|---|---|---|---|
| jamón | | | pavo | | | tofu | | | jamón | | | pavo | | | tofu | | | jamón | | | pavo | | | tofu | | |
| s | c | p | s | c | p | s | c | p | s | c | p | s | c | p | s | c | p | s | c | p | s | c | p | s | c | p |

Hay 27 resultados posibles; 1.–4. Las respuestas variarán; 5. Las respuestas variarán, pero pueden incluir las siguientes: describing life and landscapes; *fields, brook, autumn eve, trees, moon*; 6. They enjoy doing it.; 7. the moon; 8. It makes each stanza seem like an episode in a story or a scene in a movie.

**Día 10/Página 21:** 1. $\frac{1}{6}$; 2. $\frac{7}{18}$; 3. $\frac{4}{9}$; 4. $\frac{5}{6}$; 5. $\frac{5}{9}$; 6. $\frac{5}{9}$; 7. Anna, a great actress, got the lead role in the play.; 8. The United Nations, an influential international organization, is based in New York City.; 9. Bridget and Connor, both geologists, work at the Field Museum in Chicago, Illinois.; 10.–19. Las respuestas variarán, pero pueden incluir las siguientes: 10. unwieldy; 11. exhausted; 12. scornful; 13. affluence; 14. pointless; 15. balance; 16. overthrow; 17. memorialize; 18. hairy; 19. overused

**Día 11/Página 23:** 1. 47.1 cm; 2. 18.84 yd.; 3. 40.82 ft.; 4. 6.28 m; 5. 2,122.64 m²; 6. 706.5 ft.²; 7. 1,133.54 yd.²; 8. 176.625 mm²; 9. I, <u>everyone</u>; 10. P, <u>You</u>; 11. P, <u>He</u>; 12. P, <u>them</u>; 13. P, <u>It</u>; 14. P, <u>you</u>; 15. I, <u>Neither</u>; 16. P, <u>They</u>; 17. D, <u>These</u>; 18. P, <u>I</u>; 19. D, <u>That</u>; 20. I, <u>Many</u>; 21. D, <u>This</u>; 22. I, <u>anybody</u>; 23. Internet; 24. atlas; 25. almanac; 26. newspaper or magazine; 27. encyclopedia; 28. nonfiction books; 29. B; 30. F; 31. H; 32. J; 33. A; 34. D; 35. E; 36. G; 37. C; 38. I

**Día 12/Página 25:** 1. $24.70; 2. 33%; 3. $1.54; 4. $23,655.91; 5. R; 6. I; 7. I; 8. R; 9. R; 10. I; 11. R; 12. I; 13. R; 14. R; 15. F; 16. T; 17. T; 18. F; 19. T; 20. F; 21. F; La escritura de los alumnos variará.

**Día 13/Página 27:** 1. 60; 2. 36; 3. ⁻9; 4. 74; 5. ⁻36; 6. $\frac{1}{3}$; 7. escaleno; 8. agudo; 9. obtuso; 10. isósceles; 11. rectángulo; 12.–13. Los alumnos deberán dibujar los triángulos tal como se describen.; 14. C; 15. C; 16. the ballroom at night.

**Día 14/Página 29:** 1. 0; 2. 39; 3. 472; 4. 25; 5. ⁻91; 6. ⁻143; 7. ⁻23; 8. ⁻7; 9. 53; 10. ⁻17; 11. ⁻13; 12. 5; 13. 13; 14. 15; 15. 9; 16.–25. Los alumnos deberán encerrar en un círculo las palabras en color verde: 16. N, **we**; 17. N, **She**; 18. O, **him**; 19. N, **They**; 20. O, **me**; 21. O, **her**; 22. N, **They**; 23. O, **him**; 24. O, **them**; 25. O, **me**; 26. amphibians and reptiles; 27. Las respuestas variarán; La escritura de los alumnos variará.

**Día 15/Página 31:** 1. 25; 2. ⁻2; 3. 120; 4. ⁻289; 5. 102; 6. 93; 7. ⁻666; 8. 54; 9. ⁻15; 10. ⁻$\frac{35}{6}$; 11. ⁻106; 12. 52; 13. ⁻4; 14. ⁻40; 15. ⁻20; 16. ⁻$\frac{29}{8}$; Stepping off the plane, Mrs. Jackson arrived in Costa Rica at noon. As soon as **she** got to her hotel, **she** enjoyed a light lunch at the restaurant. After lunch, Mr. Jackson, who had taken a different flight, joined **her**. "Let's go to the beach," **he** said. **They** changed into swimsuits, and off **they** went. That evening, **they** called **their** son, Max. "**We** are having a great time," **they** told **him**.; 17. drama; 18. fable; 19. fantasy; 20. Folklore; 21. Horror; 22. legend

**Día 16/Página 33:** 1. 260 calorías por hora, 294 calorías por hora, Nelson; 2. 5.25 minutos por milla, 4.5 minutos por milla, Kelsha; 3. $4.67 por libra, $4.15 por libra, Nicholas; 4. to become weaker or end; 5. rebuked, sternly criticized; 6. self-possessed, assured; 7. very upset, agitated; 8. sharp, harsh, unpleasant; 9. B; 10. igneous, sedimentary, metamorphic; 11. Volcanic rock releases magma, which then cools.; 12. Water deposits sediment, which compresses into layers over time.; 13. They begin as igneous or sedimentary rocks. Then, they are squeezed within Earth's crust.

**Día 17/Página 35:** 1. 1.25; 2. 0.4167; 3. 0.7; 4. 0.$\overline{66}$; 5. 0.33; 6. 0.875; 7. D; 8. I; 9. I; 10. D; 11.–19. Los alumnos deberán encerrar en un círculo las palabras que aparecen en color verde: 11. **I want to be the first to volunteer** whenever the teacher asks for help.; 12. If you stay until the birthday party is over, **call Mom for a ride home**.; 13. When monsoon season begins, **the humidity makes the air uncomfortable.**; 14. **Pizza is Crawford's choice for dinner**, but only if it has a thin crust; 15. We stopped playing and sought shelter **when the storm began.**; 16. Gabe hopped off his skateboard **so that his friend could use it.**; 17. We won the state championship **because we played together as a team.**; 18. **Although the price of gasoline rose by 50 cents per gallon**, Americans did not curb their travel plans.; 19. **If we fail to finish our project tonight**, we will not be in Mrs. Hooper's good graces tomorrow.; 20. mystery; 21. myth; 22. poetry; 23. biography; 24. essay; 25. bienes; 26. servicios; 27. demanda; 28. recursos naturales; 29. inflación; 30. recursos de capital; 31. oferta; 32. escasez

**Día 18/Página 37:** 1. 3x + 9; 2. 5y − 1; 3. −2a − 1; 4. −x − 3; 5. 7y − 3; 6. 5b − 1; 7. 8(2y − 1); 8. 9x(2x − 1); 9. −4(3c + 2); 10. S; 11. C; 12. S; 13. C; 14. C; 15. S; 16. C; 17. S; 18. C; 19. S; 20. 90°, complementarios; 21. A, suplementarios; 22. 45°, 135°, 45°; 23. 180°; 24. 90°; 25. complementarios; 26. cilios; 27. macronúcleo; 28. vacuola de alimentos; 29. citoplasma; 30. poro anal; 31. canal oral; 32. micronúcleo; 33. membrana celular

**Día 19/Página 39:** 1. 72.5; 2. ⁻1$\frac{13}{27}$; 3. $\frac{-55}{189}$;

4. 23$\frac{3}{5}$; 5. 4.35; 6. $\frac{-3}{49}$; 7. ⁻8.1; 8. ⁻30.4 or ⁻30$\frac{2}{5}$; 9. $\frac{20}{21}$; 10. $\frac{18}{25}$; 11. ⁻3.564; 12. $\frac{4}{3}$ or 1$\frac{1}{3}$; 13. forgot, forgotten; 14. taught, taught; 15. sank, sunk; 16. broke, broken; 17. froze, frozen; 18. threw, thrown; 19. chose, chosen; 20. heard, heard; 21. C; 22. C; 23. because of its alleged magical powers; 24. Las respuestas variarán.

**Día 20/Página 41:** 1. ecuación: 6[18 + (18 ÷ 2) + (18 × 1$\frac{1}{2}$)] = x, respuesta: $324; 2. ecuación: (14 × 2) + 6x = 76, respuesta: $8 dólares; 3. <u>Oliver Twist</u>, the main character from the Charles Dickens novel <u>Oliver Twist</u>, a poor orphan who asks for more to eat at an orphanage; 4. <u>Alice falling down the rabbit hole</u>, the main character Alice from the Lewis Carroll novel <u>Alice's Adventures in Wonderland</u> who has adventures after she falls into a rabbit hole; 5. <u>build an ark</u>, Noah, a character from the Bible who builds an ark to escape a great flood; 6. <u>Achilles' heel</u>, the warrior Achilles from Greek mythology who was invulnerable in every part of his body except his heel; 7. <u>Cinderella</u>, the poor, overworked main character from the fairy tale "Cinderella"; 8. <u>Scrooge</u>, character Ebenezer Scrooge from the Charles Dickens novel <u>A Christmas Carol</u> who is cold-hearted and greedy; Las respuestas variarán, pero pueden incluir las siguientes: the perfect pet for everyone, fantastic addition to every home, all turtles are lazy, dogs or cats are cute and frisky, turtles are sluggish but still fascinating, you will have to purchase; La escritura de los alumnos variará.

**Página extra 44:** 1.–4. Las respuestas variarán; 5. Las formas en las que los animales cambian a lo largo del tiempo para sobrevivir en un ambiente determinado.

**Página extra 45:** 1. Hong Kong; 2. Londres; 3. Atlanta; 4. Edinburgo; 5. Nueva Delhi; 6. Johannesburgo; 7. Barcelona; 8. Calgary; 9. San Francisco; 10. São Paulo; 11. 49°N, 2°E; 12. 49°N, 123°W; 13. 40°N, 116°E; 14. 38°N, 24°E; 15. 12°S, 77°W; 16. 42°N, 71°W; 17. 21°N, 158°W; 18. 19°N, 99°W; 19. 45°N, 12°E; 20. 56°N, 37°E

**Página extra 46:** Las respuestas variarán.

**Página extra 47:** El diseño y los elementos de las líneas de tiempo variarán.

## Sección II

**Día 1/Página 51:** 1.⁻5; 2. 28y; 3. ⁻18x + 15y − 12xy; 4. 9x + 21y; 5. x + 5y + 5; 6. 3x² − 2y² + 6x + 9xy²; 7. ⁻7x + 20y; 8. ⁻6c + 4d; 9. ⁻4a − 26b; 10. ⁻x − 2y; 11. 25x + 90y; 12. ⁻18x − 12y; 13. 27x − 9y; 14. ⁻6a − 16b + 24z; 15. ⁻23x; 16. ⁻6y² + 3y − 6x − 9; 17. While I was studying for a history test, Dad called me down for dinner.; 18. When I was practicing piano after dinner, my sister said I was really improving.; 19. While we were walking the trail at the park, the birds sang cheerfully.; 20. After listening to me rehearse my lines for the play, Mom said she

thought I'd do very well on opening night.; 21. Though Darren was not very athletic, he taught Micah to play football.; 22. N; 23. P; 24. P; 25. P; 26. P; 27. N; 28. N; 29. N; 30. translúcido; 31. opaco; 32. reflexión difusa; 33. rayo; 34. reflexión; 35. convexo; 36. lente; 37. transparente; 38. punto focal; 39. cóncavo.

**Día 2/Página 53:** 1. 3; 2. t; 3. 4(12) + 4(15); 4. 3(a + 2b); 5. 10t + 13t; 6. 6x + 8x; 7. r(7 + 8) + 2; 8. 2(5x) + 2(8y) or 10x + 16y; 9. 8a + 15; 10. 4k + 12; 11. 10b + 8; 12. 17c + 27; 13.–19. Los alumnos deberán encerrar en un círculo las palabras que aparecen en color anaranjado: 13. present progressive, **is running**; 14. past progressive, **was staying**; 15. past perfect; **had told**; 16. future progressive, **will be approving**; 17. present perfect, **have played**; 18. past progressive, **were swaying**; 19. future progressive, **will be interviewing**; 20. A; 21. a network of trade routes leading from Asia to the West; 22. goods such as gold, silver, silk, and spices; 23. It was several thousand miles long and was considered dangerous.; 24. the magnetic compass

**Día 3/Página 55:** 1. x = 12; 2. t = 3; 3. m = −6; 4. k = 7; 5. s = 6; 6. r = −96; 7. d = 29; 8. h = −150; 9. c = 8; 10. j = −38; 11. p = 0; 12. z = 7; 13. <u>melancholy</u>, <u>sad</u>; 14. <u>introverted</u>, <u>sociable</u>; 15. <u>placate</u>, <u>appease</u>; 16. <u>compulsory</u>, <u>voluntary</u>; 17. <u>response</u>, <u>stimulus</u>; 18. <u>valid</u>, <u>legitimate</u>; 19. <u>cultivate</u>, <u>neglect</u>; 20. A; 21. B; 22. A; 23. A; 24. B; 25. 12; 26. −10; 27. 0; 28. 25; 29. 9; 30. −15

**Día 4/Página 57:** La escritura de los alumnos variará. 1. − 4. Los alumnos deberán encerrar en un círculo las palabras que aparecen en color anaranjado; 1. <u>Even though they were exhausted from their long day</u>, **the seventh graders held a dance that night, and the eighth graders saw a play**; 2. **Isaac Newton described the relationship between force, mass, and acceleration, and he made discoveries in optics and mathematics**, <u>to name just a few of his contributions to science.</u>; 3. **Nikki has learned some computer coding, but she also wants to study graphic design**, <u>which is being taught at the community center this winter.</u>; 4. <u>After a huge victory last week</u>, **the Jayhawks are a favorite in today's game, so a trip to the playoffs could be in their future.**; measure; view; build; speak; stars, space; large, powerful; time; little, tiny; angle

**Día 5/Página 59:** 1. A = 64 m², P = 32 m; 2. A = 70 mm², P = 38 mm; 3. A = 24 yd.², P = 24 yd.; 4. A = 120 m², P = 52 m; 5. A = 100 yd.², P = 64 yd.; 6. A = 52 m², P = 36 m; 7.–14. Los alumnos deberán encerrar en un círculo las palabras que aparecen en color anaranjado: 7. <u>Kiley</u>, **brings**; 8. <u>Gretchen</u>, **goes**; 9. <u>Carlos</u>, <u>Ben</u>, **have been**; 10. <u>statue</u>, **stands**; 11. <u>teams</u>, **call**; 12. <u>Trail Ridge Road</u>, **winds**; 13. <u>questions</u>, **were**; 14. <u>president</u>, <u>vice president</u>, **run**; 15. A; 16. C; 17. to explain how Robinson was a pioneer of racial integration in professional sports. The author supports this idea by explaining how Robinson stayed on the Dodgers even though many did not want him to.; 18. He made it possible for people of all races to participate in sports.

**Día 6/Página 61:** 1. 420 m³; 2. 512 ft.³; 3. 256 cm³; 4. 300 yd.³; 5. 122.5 ft.³; 6. 83.33 mm³; 7. B, dwindle; 8. B, forfeit; 9. C, asterisk; 10. B, rigorous; 11. C, acquaint; 12. A, dismal; 13. A, centennial; 14. B, analogy; 15. C, redundant; 16. A, austere; 17. A, efficient; 18. C, capacity; 19. C; 20. B; 21. B; 22. A; 23. D; 24. D; 25. C; 26. A; la escritura de los alumnos variará.

**Día 7/Página 63:** 1. $x = 2$; 2. $d = 7\frac{1}{2}$; 3. $l = 16$; 4. $m = 33\frac{1}{3}$; 5. $n = 1$; 6. $t = 9$; 7. $v = 1.4$; 8. $z = 3\frac{1}{5}$; 9. $s = 36$; 10. $c = 24$; 11. $r = 3$; 12. $b = 18$; 13. $k = 3$; 14. $w = 4$; 15. $f = 4$; 16. $h = 16\frac{2}{3}$;

17.

18.
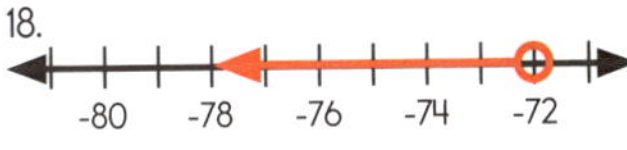

19.
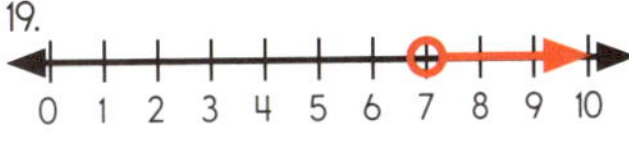

20.
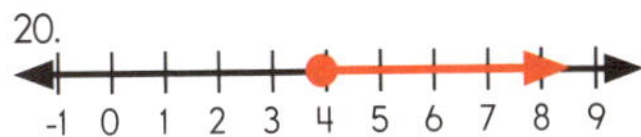

Posible respuesta: El promedio del aula A es de 6 libros, y el promedio del aula B es de 7 libros. Por lo tanto, el aula B leyó en promedio más libros que el aula A.; 21. key, ring; 22. ring, finger; 23. finger, snap; 24. snap, dragon; 25. dragon, fly; 26. fly, ball; 27. ball, game

**Día 8/Page 65:** 1. $8.75; 2. 18 onzas; 3. $12.50; 4. $1.76; 5. $9.15; 6. $42.88; 7.–9. Las respuestas variarán, pero pueden incluir: 7. Kelly worked for years as a consultant for Harnquist and Beckman and now has her own consulting firm.; 8. Lake Powell, which occupies parts of both Arizona and Utah, is the largest lake in either state.; 9. We had box seats in the front row, so we could put our drinks on top of the Cardinal's dugout.; 10. They support a dazzling array of life.; 11. B; 12. rain forests; 13. to form limestone to support their soft bodies; 14. The author thinks that coral reefs are amazing and fragile wonders of nature.; 15. Coral may appear permanent, but is actually easily damaged.

**Día 9/Page 67:** 1. 50%; 2. 19%; 3. 45; 4. 20; 5. 15.32; 6. 84; 7. 25%; 8. 90; 9. 38.88; 10. 58%; 11. A; 12. P; 13. A; 14. P; 15. P; 16. P; 17. A; 18. P; 19. P; 20. P; 21. B; 22. D; 23. F; 24. A; 25. G; 26. E; 27. C; 28. H

**Día 10/Page 69:** 1. A = 6 yd.², P = 12 yd.; 2. A = 35 m², P = 34 m; 3. 45 in.², P = 34 in.; 4. A = 73.5 ft.², P = 46 ft.; 5. A = 67.5 cm², P = 45 cm; 6. A = 150 yd.², P = 55 yd.; 7. A = 21 m², P = 27 m; 8. A = 54 cm², P = 36 cm; 9. A = 67.5 ft.², P = 39 ft.; 10. twisting, PR; 11. covered, PA; 12. trampled, PA; 13. jumping, PR; 14. broken, PA; 15. C; 16. F; 17. A; 18. H; 19. D; 20. E; 21. B; 22. G; 23. núcleo externo; 24. corteza; 25. manto; 26. litosfera; 27. núcleo interno; 28. atmósfera

**Día 11/Página 71:** 1. R; 2. R; 3. R; 4. R; 5. R; 6. R; 7. I; 8. R; 9. I; 10. I; 11. R; 12. R; 13. A; 14. J; 15. D; 16. G; 17. B; 18. H; 19. F; 20. I; 21. C; 22. E; 23.–25. Las respuestas variarán. Posibles respuestas: 23. Molly is courageous. She is quick to act, and she manages to keep calm and steady, even in times of crisis.; 24. During the Revolutionary War, a woman named Molly Pitcher brought water to soldiers in battle and operated a cannon in a time of crisis.; 25. The facts of the story would be the same, but William would have a different perspective as a soldier. He would also be likely to feel both proud of Molly and worried for her safety.

**Día 12/Página 73:** 1. G; 2. H; 3. C; 4. E; 5. D; 6. J; 7. I; 8. L; 9. B; 10. F; 11. K; 12. A; 13. ADV; 14. ADJ; 15. ADJ; 16. ADV; 17. ADV; 18. ADV; 19. ADV; 20. Las respuestas variarán, pero pueden incluir las siguientes: Getting sufficient sleep is essential to repair the body and fight sickness.; 21. Las respuestas variarán; 22. to give useful information about how to get a good night's sleep for improved health; 23. Yes, the author gives lots of facts and examples about the importance of sleep.

**Día 13/Página 75:** 1. $6^1 = 6$; 2. $2^6 = 64$; 3. $5^3 = 125$; 4. $3^5 = 243$; 5. $7^{-1} = \frac{1}{7}$; 6. $10^3 = 1,000$; 7. $10^8 = 100,000,000$; 8. $6^1 = 6$; 9. $4^3 = 64$; 10. $8^4 = 4,096$; 11. $11^{-2} = \frac{1}{121}$; 12. $2^{-6} = \frac{1}{64}$; 13. The movie *The Sound of Music* fascinated me.; 14. The author's reading entranced the young children in the classroom.; 15. Meghan's cat Buffy chased the toy.; 16. When Lucy opened the soft drink, it sprayed her in the face.; 17. Andy Rahal scored a goal for the Crosby Middle School soccer team.; Las respuestas variarán.

**Día 14/Página 77:**

1.
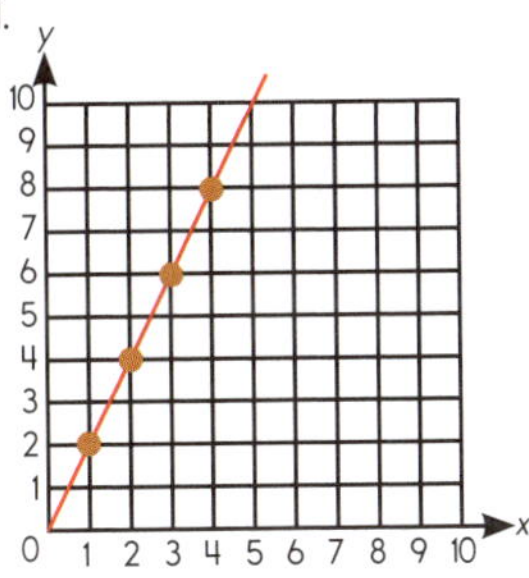

2.
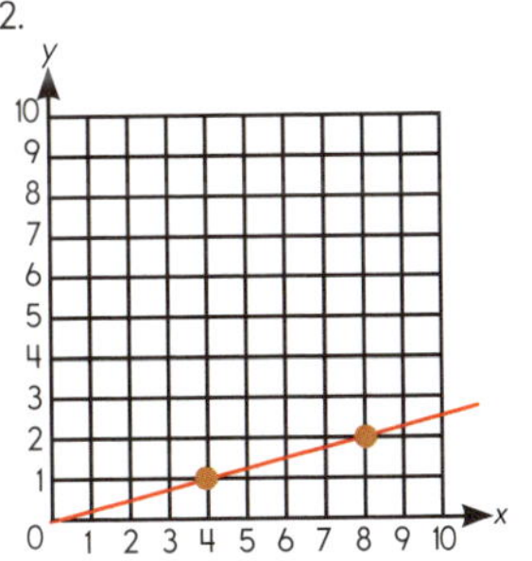

3.
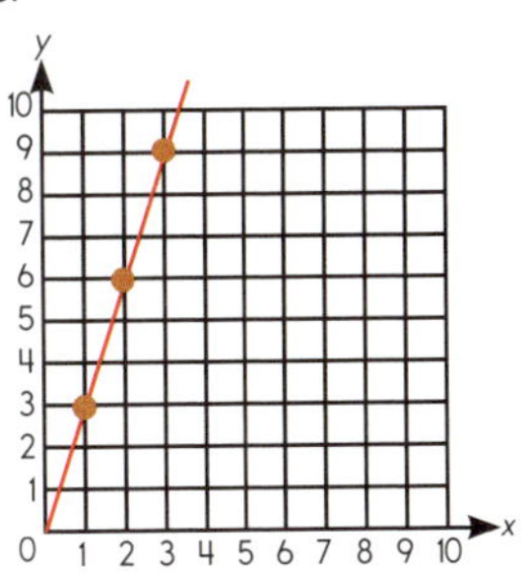

4.
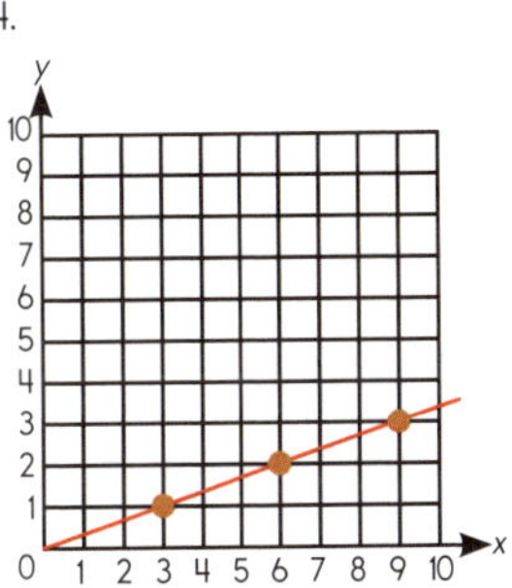

5.–13. Los estudiantes deberán encerrar en un círculo las palabras en anaranjado: 5. by the phone, in the Louisville, Kentucky airport; 6. with the city; 7. without that information; 8. in the tree; 9. to the movies; 10. to the booth, of the new broadcast team; 11. under the cushions, of the sofa; 12. under the two buildings; 13. at Italian restaurants; 14. B; 15. beautiful mountains, glaciers, Lake Louise, wildlife; 16. Animals reproduce rapidly.; It is hard to control misuse.; Animals are targets for poachers.; 17. geysers, hot springs, scenery; 18. C; 19. to explain factors that make it difficult to protect environments in national parks

**Día 15/Página 79:** 1. 13; 2. 100; 3. 9; 4. 4; 5. 8; 6. 25; 7. 12; 8. 15; 9. 20; 10. 6; 11. 30; 12. 50; 13.–22. Las conjunciones variarán, pero pueden incluir las siguientes: 13. or; 14. and; 15. but; 16. but; 17. and; 18. but; 19. and; 20. but; 21. and; 22. and; 23. B; 24. E; 25. I; 26. A; 27. H; 28. C; 29. D; 30. F; 31. G; 32. granito; 33. piedra caliza; 34. pizarra; 35. mármol

**Día 16/Página 81:** 1. c = 13 m; 2. c = 12.04 cm; 3. c = 7.07 yd.; 4. b = 4.90 ft.; 5. b = 5.20 mm; 6. a = 8 in.; 7. b = 2.24 ft.; 8. a = 3 cm; 9. B; 10. A; 11. A; 12. C; 13. B; 14. A; 15. B; 16. C; Mrs. Jackson was unable to buy a new watch.; Las respuestas variarán, pero pueden incluir : "You only have $25 in your account."; 17. B; 18. F; 19. B; 20. A; 21. F; 22. D; 23. A; 24. C; 25. E; 26. E

**Día 17/Página 83:** 1. sí; 2. sí; 3. no; 4. sí; 5. no; 6. sí; 7.–14. Las respuestas variarán, pero pueden incluir las siguientes: 7. both, and; 8. both, and; 9. either, or; 10. neither, nor; 11. Both, and; 12. whether, or; 13. both, and; 14. Either, or; 15. C; 16. 3, 2, 5,1, 4; 17. C; 18. Farmers and ranchers dislike mustangs because the animals destroy crops and interfere with livestock.

**Día 18/Página 85:** 1. 1,004.8 ft.$^3$; 2. 280 mm$^3$; 3. 80 cm$^3$; 4. 216 m$^3$; 5. 75.40 yd.$^3$; 6. 268.08 m$^3$; 7.–12. Las respuestas variarán; 13. T; 14. T; 15. T; 16. P; 17. T; 18. T; 19. T; 20. T; 21. P; 22. P; 23. T; 24. P; 25. P; 26. P; 27.–28. Las respuestas variarán; 29. gravedad; 30. velocidad; 31. velocidad vectorial; 32. peso; 33. fricción; 34. fuerza; 35. momento; 36. inercia; 37. aceleración; 38. masa

**Día 19/Página 87:** 1. agudo, equilátero; 2. recto, escaleno; 3. obtuso, escaleno; 4. agudo, equilátero; 5. agudo, escaleno; 6. agudo, equilátero; 7. recto, isósceles; 8. agudo, isósceles; 9. recto, escaleno; Revisa el trabajo de los alumnos; 10. peso y millas por galón; 11. negativa, La línea que funciona mejor es una pendiente descendente.; 12. D; 13. D; 14. C; 15. D; 16. C; 17. A; La escritura de los alumnos variará.

**Día 20/Página 89:** 1. $x = 25$; 2. $y = 240$; 3. $w = 8$; 4. $a = -24$ ; 5. $r = 343$; 6. $m = -6$; 7. $b = 12$; 8. $x = 18$; 9. $k = -24$; 10. $c = -14$; 11. $x = 369$; 12. $y = 180$; 13.–18. Los alumnos deberán encerrar en un círculo las palabras que aparecen en color anaranjado: 13. **knowing**, know; 14. **hearing**, hear; 15. **floating**, float; 16. **complaining**, complain; 17. **putting**, putt; 18. **going**, go; 19. To snowboard; 20. to do; 21. to play; 22. to attempt; 23. to study; 24.–29. Las respuestas variarán, pero pueden incluir: 24. Indian and South Pacific Oceans; 25. It has two rows of 80 to 100 tentacles that surround its head.; It has an external shell with many chambers; 26. shrimp, fish, molted shell chambers; 27. They attach to rocks, coral, or the seafloor.; 28. has arms; 29. cannot change color or squirt ink

**Página extra 91:** Las respuestas variarán.

**Página extra 93:** 1. California; 2. Alberta; 3. el Océano Atlántico; 4. Georgia; 5. Nuevo México; 6. el Océano Ártico; 7. la Sierra Nevada Mountains; 8. 40°N; 9. 60°N; 10. 40°N, 90°O; 11. 90°O

**Página extra 94:** 1. E; 2. G; 3. B; 4. I; 5. C; 6. F; 7. D; 8. H; 9. A; Las respuestas variarán.

**Página extra 95:** 1. el Gran Cañón; 2. El Taj Mahal; 3. El Partenón; 4. La Isla de Pascua; 5. La Gran Muralla China; 6. La Casa de la Ópera de Sídney; 7. La Torre de Pisa; 8. Stonehenge; 9. La Esfinge; 10. Monte Rushmore

**Sección III**

**Día 1/Página 99:** 78°; 2. 5 mm; 3. 60°; 4. 67°; 5. 70°; 6. 61°; 7. Four score and seven years ago our fathers brought forth…a new nation…dedicated to the proposition that all men are created equal.; 8. Now we are engaged in a great civil war, testing whether that nation…can long endure.; 9. But, in a larger sense, we cannot dedicate…this ground.; 10. Prefijo: ex-, Raíz: press, Sufijo: -ible; 11. Prefijo: un-, Raíz: believe, Sufijo: -able; 12. Raíz: drama, Sufijo: -tize; 13. Raíz: allow, Sufijo: -ance; 14. Prefijo: re-, Raíz: search, Sufijo: -er; 15. B. 139.20 rublos, 104.20 rublos, $0.83; C. 274.75 yenes, $1.51; D. $1.63, $3.37

**Día 2/Página 101:** 1. 10.6; 2. 76.3; 3. 3 y 4; 4. 4 y 5; 5. 6 y 7; 6. 2 y 3; 7. 1 y 2; 8. 4 y 5; 9. $\sqrt{18}$ , 4π, 14;

10. 2, $\sqrt{5}$ , 5; 11. D; 12. C; 13. C; 14. D; 15. A; 16. B; La redacción de los alumnos variará.

**Día 3/Página 103:** 1. $2.5 \times 10^5$; 2. $1.2 \times 10^{-4}$; 3. $3.65 \times 10^6$; 4. $4.5 \times 10^{10}$; 5. $9.6 \times 10^{-5}$; 6. $1.23 \times 10^5$; 7. 320,000; 8. 0.000000641; 9. 1,200,000,000; 10. 7,040; 11. 0.00000114; 12. 10,900,000; 13. I; 14. IN; 15. IM; 16. C; 17. IN; 18. IM; 19. I; 20. C; 21. I; 22. IN; 23. C; 24. B; 25. Las respuestas variarán; 26. a smaller representative group; 27. by asking a subsample the question

**Día 4/Página 105:**

1. (4, 8)

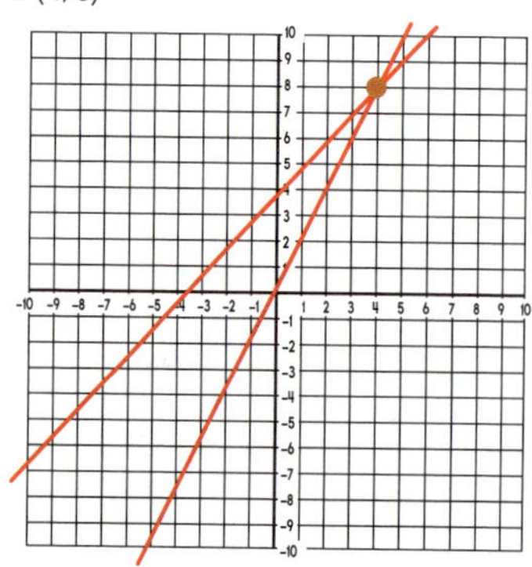

2. (3, 4)

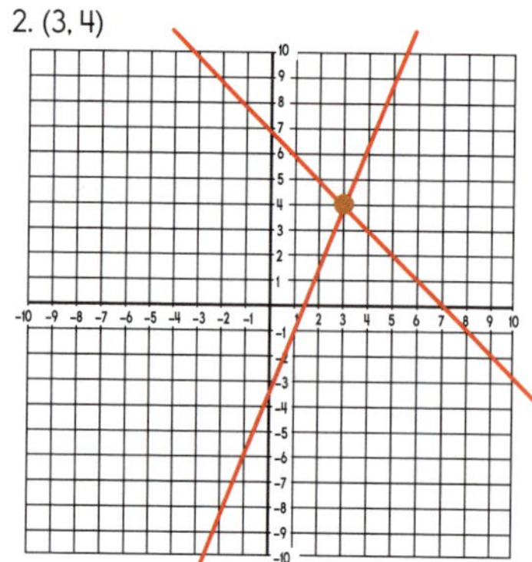

3. My aunt–she lives just a few miles away–has a horse and six chickens.; 4. Enrique texted his best friend–he just got a new phone–to see what Colin's plans were for the weekend.; 5. After you've mixed in the mashed bananas– make sure you've sprayed the pan with cooking spray–you can carefully scrape the batter into the pan.; 6. H; 7. A; 8. I; 9. G; 10. D; 11. E; 12. F; 13. B; 14. C

**Día 5/Página 107:** 1. $y = \dfrac{1}{3} x - 6$; 2. $y = 2x + 5$; 3. $y = \dfrac{3}{2} x + 4$; 4. $y = 7x - 5$; 5. $y = -2x - 3$; 6.–9. Las respuestas variarán; 10.–16. Las respuestas variarán, pero las palabras marcadas con un círculo incluyen: 10. very cool; 11. don't get it; 12. props; 13. What's up?; 14. in; 15. chill; 16. hit it out of the park; 17. C; 18. B; 19. E; 20. F; 21. G; 22. A; 23. D

**Día 6/Página 109:** 1. 45°; 2. 135°; 3. 50°; 4. 45°; 5. sí, Ambos triángulos comparten $\angle 5$. $\angle 8$ y $\angle 16$ son ángulos correspondientes, por lo que tienen la misma medida. $\angle 11$ y $\angle 19$ también son ángulos correspondientes con la misma

medida. Los ángulos de ambos triángulos son de igual medida, por lo que son triángulos semejantes; 6. F; 7. F; 8. C; 9. F; 10. F; 11. C; 12. C; 13. Las respuestas variarán; 14. C; 15. C; 16. A; 17. Las respuestas variarán.

**Día 7/Page 111:**

1.

| x | y |
| --- | --- |
| –7 | –7 |
| –4 | –1 |
| 0 | 7 |
| 2 | 11 |
| 5 | 17 |

2.

| x | y |
| --- | --- |
| –10 | 76 |
| –3 | 20 |
| 1 | –12 |
| 2 | –20 |
| 3 | –28 |

3.

| x | y |
| --- | --- |
| –4 | 2 |
| –2 | 3 |
| 0 | 4 |
| 8 | 8 |
| 11 | $9\frac{1}{2}$ |

4.

| x | y |
| --- | --- |
| –6 | –29 |
| –1 | –14 |
| 1 | –8 |
| 3 | –2 |
| 5 | 4 |

5.

| x | y |
| --- | --- |
| –16 | 0 |
| –4 | 3 |
| 0 | 4 |
| 5 | $5\frac{1}{4}$ |
| 9 | $6\frac{1}{4}$ |

6.

| x | y |
|---|---|
| –40 | –55 |
| –23 | –38 |
| –16 | –31 |
| 12 | –3 |
| 30 | 15 |

7.–9. Las respuestas variarán. Las conclusiones de los alumnos variarán; 10. E; 11. F; 12. G; 13. D; 14. B; 15. H; 16. C; 17. A

**Día 8/Página 113:** 1. –5, –1, no lineal; 2. $\frac{7}{4}$, $\frac{7}{4}$, lineal; 3. 2, 18, no lineal; 4. $\frac{3}{2}$, $\frac{3}{2}$, lineal; 5.–12. Las respuestas pueden variar. Posibles respuestas: 5. stubborn; 6. depressed; 7. spotted, dappled; 8. poisonous, toxic; 9. hatred; 10. outraged; 11. situation; 12. except; 13. immigrated; 14. it's; 15. fare; 16. then; 17. Their; 18. Whose; 19. two; 20. principal; 21. past; 22. that; Las historias variarán.

**Día 9/Página 115:** 1. ∠VUT; ∠UVT; ∠UTV; 2. ∠EDC, ∠FJI; ∠ABC, ∠GHI; ∠BAE, ∠HGF; ∠DEA, ∠JFG; ∠DCB, ∠JIH; 3. ∠EFG; ∠FGH; ∠GHE; ∠HEF; 4. ∠NML, ∠SRQ; ∠JNM, ∠OSR; ∠JKL, ∠OPQ; ∠KLM, ∠PQR; ∠NJK, ∠SOP; 5. ∠MNL, ∠PRQ; ∠MLN, ∠PQR; ∠LMN, ∠QPR; 6. ∠ZWX, ∠BCD; ∠XYZ, ∠DAB; ∠WXY, ∠CDA; ∠YZW, ∠ABC; 7. then; 8. which; 9. Your; 10. that; 11. you're; 12.–14. Las respuestas variarán. Posibles respuestas: 12. The author tells the reader that trouble is brewing. The reader knows that it involves the Arctic and the gold rush, but not what the exact trouble is. This creates suspense and the desire to keep reading.; 13. estate, territory; 14. The story is told from Buck's perspective, which is unusual, because he is a dog.

**Día 10/Página 117:**

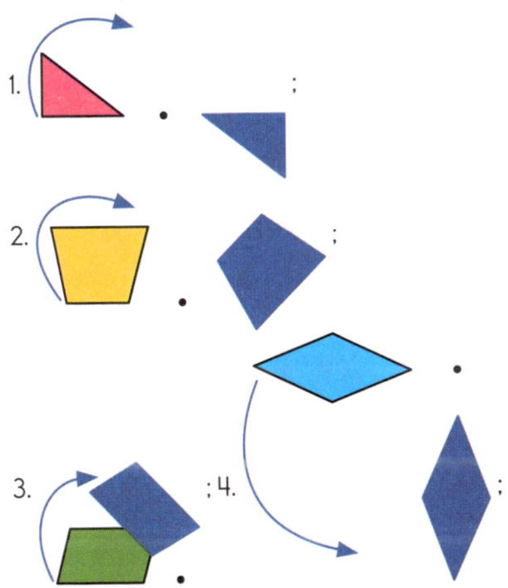

5.–8. Las respuestas variarán, pero pueden incluir las siguientes: 5. Kelly doesn't want any more interruptions.; 6. Tracie never did anything wrong until she broke her mother's favorite vase.; 7. Dr. Canberra was born in Argentina, but he never traveled anywhere else once he arrived in the United States.; 8. I left home without my umbrella since there is not a chance of rain today.; 9. F; 10. T; 11. T; 12. T; 13. F; 14. F; 15. T; 16. Las respuestas variarán; 17. dúctil; 18. maleable; 19. aleación; 20. reactividad; 21. conductor; 22. magnético

**Día 11/Página 119:** 1. sí, reducido; 2. sí, reducido; 3. no, no reducido en la misma escala; 4. sí reducida; 5. no, girada; 6. sí, ampliada; 7. sí, reducida; 8. no, girada; La redacción de los alumnos variará.; B; Los detalles subrayados variarán; 9. C; 10. president, vice president, and cabinet of advisors; 11. House of Representatives and Senate

**Día 12/Página 121:** 1. reducción; 2. ampliación; 3. reducción; 4. reducción; 5. ampliación; 6. reducción; 7. ampliación; 8. ampliación; 9. 3:4; 10. 1:3; 11. 3:2; 12. 2:1; 13. When Ana Maria opened her book, she saw a stain on the page.; 14. If I were you, I would have left the performance during intermission.; 15. Pack your lunch, and then let the dog out.; 16. Kiku was elected class president, and she made changes throughout the school year.; 17. If we had won the game, we would have gone out to celebrate afterward.; 18. B; 19. A; 20. 9 miles (15 km); 21. B; 22. the gravitational pull of the planets

**Día 13/Página 123:** 1. gráfico; 2. igual; 3. ecuación; Los alumnos deberán trazar tres líneas debajo de la primera letra de las siguientes palabras: (párrafo 1): Florida, King, Phillip; (párrafo 2): Menendez, Florida, American, Indian, Seloy, American, Indians, St. Augustine.; El orden de las respuestas puede variar dentro de las clasificaciones, pero incluirá: I. Animales; A. vertebrados; 1. mamíferos; a. vacas; b. leones; 2. reptiles; a. serpientes; b. cocodrilos; 3. anfibios; a. salamandras; b. ranas; 4. aves; a. petirrojos; b. cardenales.

**Día 14/Página 125:** 1. 8, 20, $\frac{4}{15}$; 2. 7, 27, $\frac{7}{30}$; 3. 3, 30, $\frac{1}{10}$; 4. 67–68; 5. 30; 6. 3, 3, $\frac{1}{10}$; 7. 5, 8, $\frac{1}{6}$; 8. 6, 14, $\frac{1}{5}$; 9. 7, 21, $\frac{7}{30}$; 10. 5, 26, $\frac{1}{6}$; 11. 4, 30, $\frac{2}{15}$; 12. 30; 13. 4; 14. N; 15. E; 16. P; 17. nuclear; 18. solar; 19. hidroeléctrica; 20. eólica (viento); 21. geotérmica; 22. biomasa; 23. gasohol

**Día 15/Página 127:** 1. 301.44 in.³; 2. 434.67 in.³; 3. 2,884.88 cm³; 4. El vaso A contiene 64.998 mm3 más de líquido que el vaso B; 5.–8. Las respuestas variarán. Posibles respuestas: 5. possible, doable; 6. to place together; 7. having a strong taste; 8. a theme or idea; 9. B; 10. a trace of an ancient animal or plant preserved in Earth's crust; 11. 1990; 12. C; 13. Las respuestas variarán.

**Día 16/Página 129:** 1. Las respuestas variarán; 2. 4, 5, 6, 7; 3. 4; 4. bajo: 46, alto: 74; 5. 28; 6. P, The answer, of course, is 44.; 7. A, Bridget, the tallest girl on the team, is a great tennis player.; 8. D, If you wait, Justin, we will go with you.; 9. D, Button, stop scratching the cushions.; 10. D, Nadia, please call your brother on the phone.; 11. D, I told you, Shay, not to wait too long to start your project.; 12. A, Mrs. Ramirez, the hardest seventh-grade English teacher, gave me an A on my essay.; 13.–17. Las respuestas variarán; 18. cambio físico; 19. cambio químico; 20. cambio físico; 21. cambio físico; 22. cambio químico

**Día 17/Página 131:** 1. 8.54; 2. 9.49; 3. 10.44; 4. 9.43; Las respuestas variarán; 5. glossary; 6. bibliography; 7. index; 8. caption; 9. title page; 10. pictures; 11. table of contents

**Día 18/Página 133:** 1. (4, 8); 2. (–6, –11); 3. (4, 11); 4. (6, 16); 5. ($\frac{2}{3}$, $\frac{-1}{3}$); 6. (–1$\frac{4}{5}$, 5$\frac{1}{5}$); 7. Mr. Cole decided to meet with Ms. Grayson, Ben's math teacher; Mr. Robbins, his science teacher; and Mrs. Abernathy, his English teacher.; 8. Raymond Webb just graduated from college; he plans to attend law school.; 9. The first rule in this class: respect other students' rights; 10. The parent company left its main facility open but closed plants in Greensboro, North Carolina; Jacksonville, Florida; and Harrisburg, Pennsylvania.; 11. Will Rogers made this comment on attitude: "Don't let yesterday use up too much of today."; 12. Alyson accepted the job as a telemarketer for one reason: she wanted to work at home while Amy was a baby.; 13. Have you ever heard the quote, "You can't afford the luxury of a negative thought"?; 14. Grace did well in three subjects; therefore, she will have a high average at the end of the semester.; 15. C; 6. theater, dance, sculpting, and painting; 17. They had to pass a difficult exam.; 18. to determine the empire's population; 19. because new roads and canals made travel easier

**Día 19/Página 135:** 1. >; 2. <; 3. >; 4. >; 5. >; 6. >; 7. <; 8. <; 9. =; The origin of the ice-cream cone has been controversial for several centuries. Some historians claim that the first paper cone came from France, while others maintain that metal cones were used in Germany. Still, other people say that an Italian genius introduced the first ice-cream cone.

Ice cream was referred to in Europe as "iced pudding," and the cones were called "wafers." Eating establishments often served the wafers after a meal to soothe digestion. But, once chefs rolled the wafers into funnels, the cones could be filled with anything, including ice cream.

However, many Americans believe that the first edible ice-cream cone was created in the United States. Italo Marchiony, who emigrated from Italy, created edible cones and sold them from pushcarts in the streets of New York City for a penny each. Marchiony eventually patented his invention in 1903; 10.–14. Las razones variarán.; 10. A; 11. C; 12. D; 13. B; 14. A; Los glosarios variarán.

**Día 20/Página 137:** 1. Ecuación 1: $q + d = 63$, Ecuación 2: $25q + 10d = 1,080$, : Stella tiene 30 monedas de 25 centavos y 33 monedas de 10 centavos.; 2. Ecuación 1: $a + c = 1,750$, Ecuación 2: $8a + 3.5c = 9,860$, 830 adultos y 920 niños asistieron al evento; 3. B; 4. A; 5. A; 6. A; 7. B; 8. A; 9. B; 10. A;

**Ellen (atletismo)**

**Julie (patinaje)**  □  **Ben (golf)**

**Dante (tenis)**

11. Johannes Gutenberg; 12. Miguel de Cervantes; 13. Miguel Ángel; 14. Galileo Galilei; 15. Leonardo da Vinci; 16. John Milton; 17. Elizabeth I

**Página extra 139:** 1. el viento; 2. el agua; 3. hielo

**Página extra 140:** Las respuestas variarán; jugo de naranja; vinagre; jugo de naranja; vinagre

**Página extra 141:** Las respuestas variarán.

**Página extra 142:** Las respuestas variarán, pero pueden incluir las siguientes: Argentina: 45.48 milliones (aprox.); Buenos Aires; español; república presidencialista; maíz, trigo, ganado, petróleo u otros productos válidos; Finlandia: 5.57 millones (aprox.); Helsinki; finés y sueco; república parlamentaria; cebada, pescado, metales, madera u otros productos válidos; Camboya: 16.93 millones (aprox.); Nom Pen; jemer; monarquía constitucional parlamentaria; azúcar, caucho, arroz u otros productos válidos.

**Página extra 143:** Las respuestas variarán.

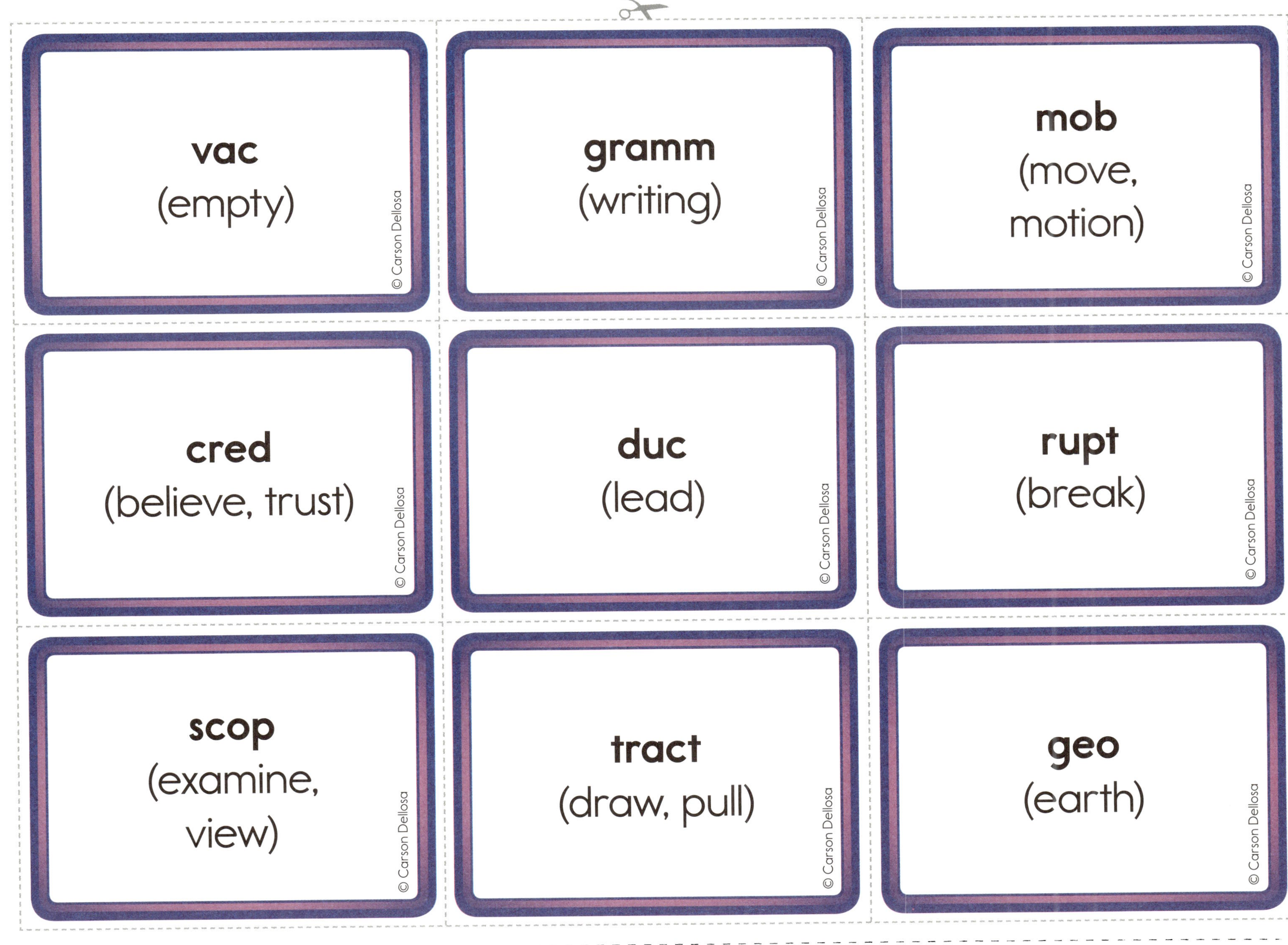

vac
(empty)
© Carson Dellosa

gramm
(writing)
© Carson Dellosa

mob
(move, motion)
© Carson Dellosa

cred
(believe, trust)
© Carson Dellosa

duc
(lead)
© Carson Dellosa

rupt
(break)
© Carson Dellosa

scop
(examine, view)
© Carson Dellosa

tract
(draw, pull)
© Carson Dellosa

geo
(earth)
© Carson Dellosa

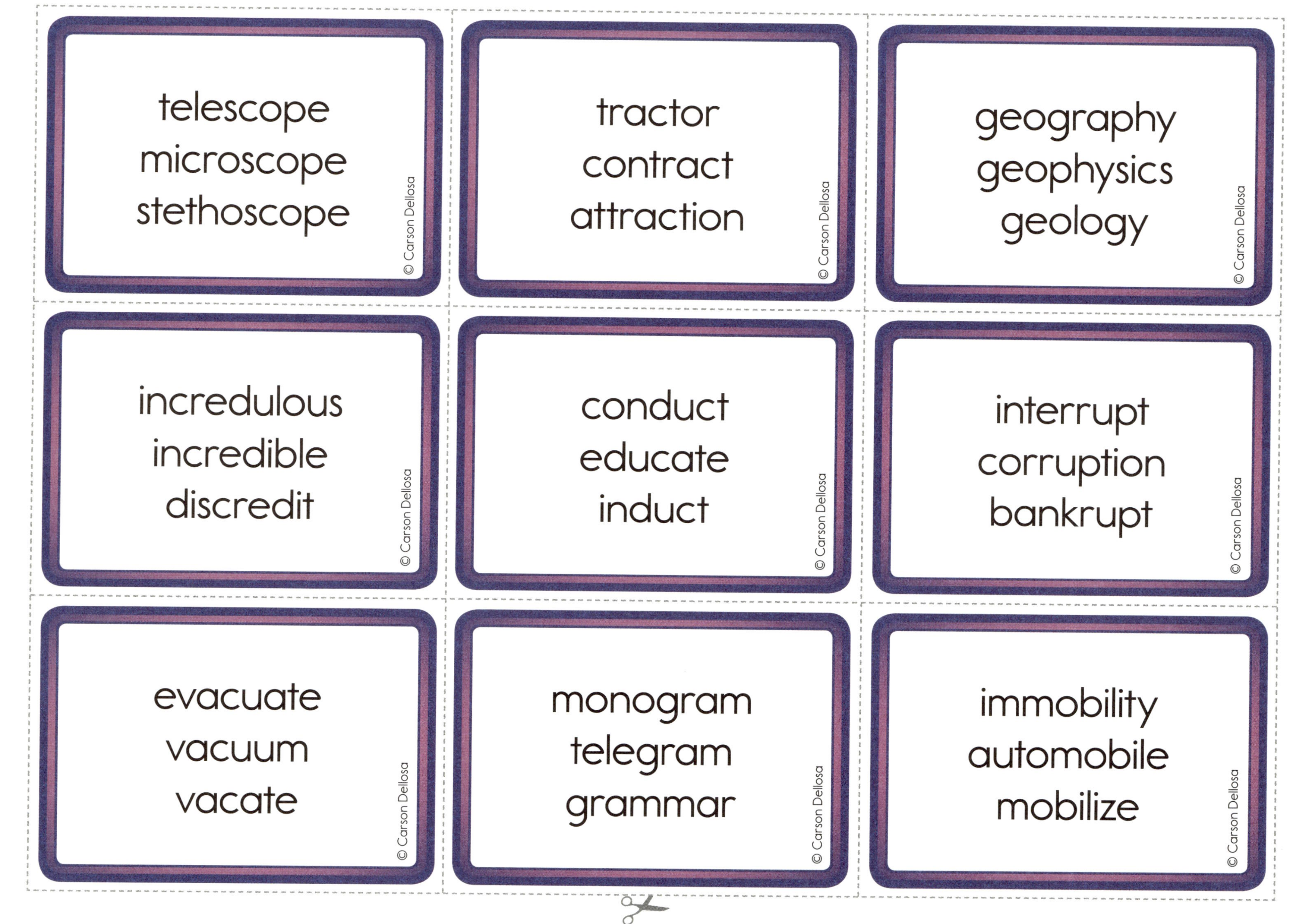

telescope
microscope
stethoscope

tractor
contract
attraction

geography
geophysics
geology

incredulous
incredible
discredit

conduct
educate
induct

interrupt
corruption
bankrupt

evacuate
vacuum
vacate

monogram
telegram
grammar

immobility
automobile
mobilize

| **vid/vis** (see) | book : library :: painting : _______ | volcano : lava :: geyser : _______ |
|---|---|---|
| **derm** (skin) | goose : flock :: wolf : _______ | flexible : stiff :: solid : _______ |
| **therm** (heat, warm) | glass : shatter :: fabric : _______ | sunny : cheerful :: sullen : _______ |

thermos
thermometer
geothermal

© Carson Dellosa

glass : shatter : :
fabric : ___tear___

© Carson Dellosa

sunny : cheerful : :
sullen : ___angry___

© Carson Dellosa

epidermis
dermatologist
pachyderm

© Carson Dellosa

goose : flock : :
wolf : ___pack___

© Carson Dellosa

flexible : stiff : :
solid : ___liquid___

© Carson Dellosa

evidence
video
visibility

© Carson Dellosa

book : library : :
painting : ___gallery___

© Carson Dellosa

volcano : lava : :
geyser : ___water___

© Carson Dellosa

paper : staple ::
wood : _______

© Carson Dellosa

raise : construct ::
raze : _______

© Carson Dellosa

sulk : pout ::
chortle : _______

© Carson Dellosa

speaker : sound ::
flower : _______

© Carson Dellosa

steeple : church ::
mast : _______

© Carson Dellosa

grayed : grade ::
warn : _______

© Carson Dellosa

close : clothes ::
mind : _______

© Carson Dellosa

radiate : heat ::
illuminate : _______

© Carson Dellosa

partial : complete ::
accelerate : _______

© Carson Dellosa

close : clothes : :
mind : _mined_

radiate : heat : :
illuminate : _light_

partial : complete : :
accelerate : _decelerate_

speaker : sound : :
flower : _smell_

steeple : church : :
mast : _boat_

grayed : grade : :
warn : _worn_

paper : staple : :
wood : _nail_

raise : construct : :
raze : _destroy_

sulk : pout : :
chortle : _laugh_

idiom

© Carson Dellosa

pun

© Carson Dellosa

$\sqrt{225}$

© Carson Dellosa

personification

© Carson Dellosa

irony

© Carson Dellosa

$\sqrt{49}$

© Carson Dellosa

kilometer : distance :: acre : ___

© Carson Dellosa

allusion

© Carson Dellosa

$\sqrt{169}$

© Carson Dellosa

kilometer : distance : :
acre : ___area___

© Carson Dellosa

Jamie's amazing drawing and painting skills made him the Picasso of our school.

© Carson Dellosa

$$13 \sqrt{169}$$

© Carson Dellosa

An old fence staggered unsteadily along the edge of the weedy field.

© Carson Dellosa

When Mom saw the mess in the kitchen, she said, "Thanks so much for cleaning up after yourself!"

© Carson Dellosa

$$7 \sqrt{49}$$

© Carson Dellosa

Mr. Jackson was feeling under the weather, so he stayed home today.

© Carson Dellosa

Never play board games with a spotted cat; he's probably a cheetah.

© Carson Dellosa

$$15 \sqrt{225}$$

© Carson Dellosa

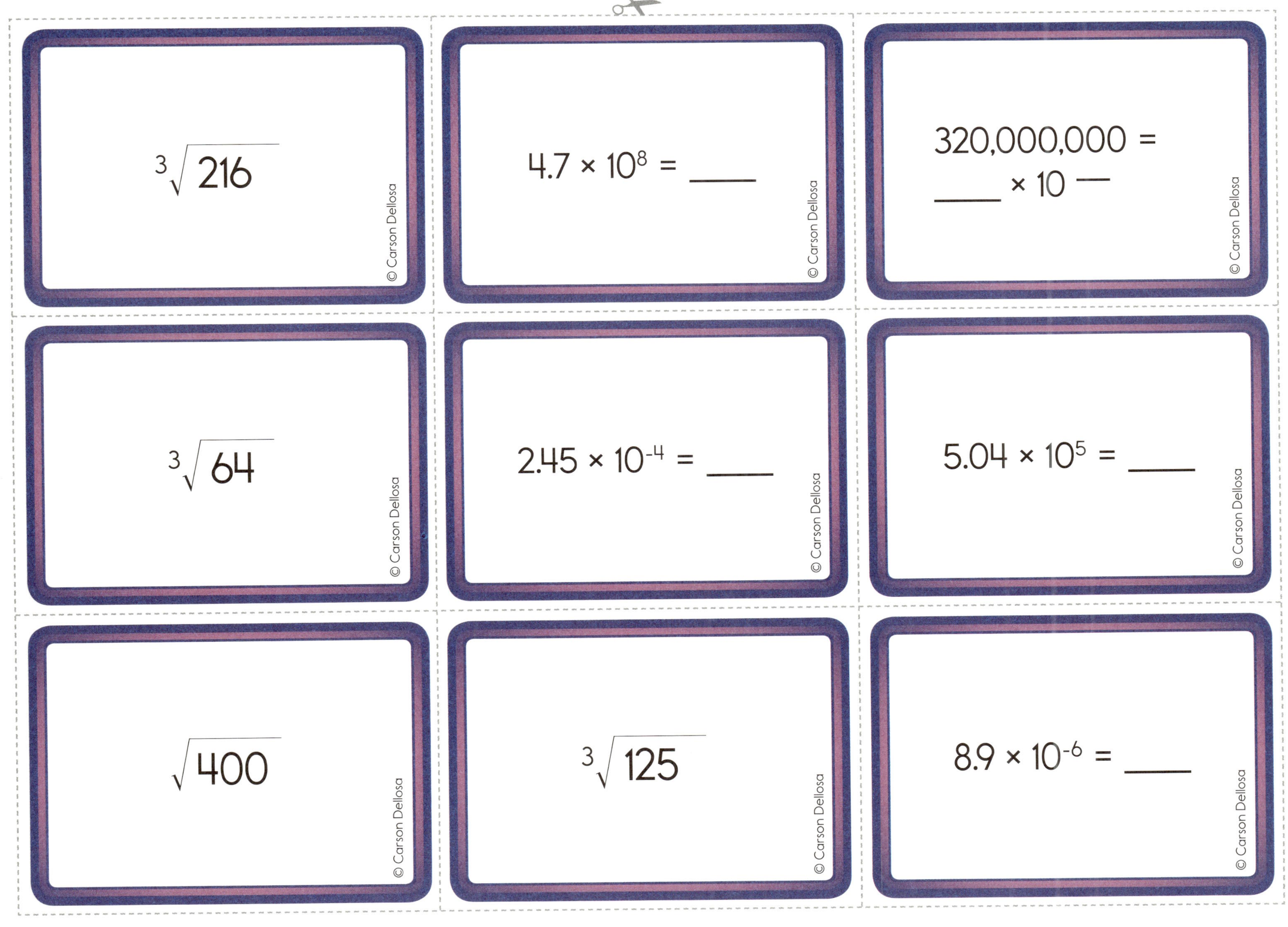

$\sqrt[3]{216}$
© Carson Dellosa

$4.7 \times 10^{8} =$ ___
© Carson Dellosa

$320{,}000{,}000 =$ ___ $\times 10$ ___
© Carson Dellosa

$\sqrt[3]{64}$
© Carson Dellosa

$2.45 \times 10^{-4} =$ ___
© Carson Dellosa

$5.04 \times 10^{5} =$ ___
© Carson Dellosa

$\sqrt{400}$
© Carson Dellosa

$\sqrt[3]{125}$
© Carson Dellosa

$8.9 \times 10^{-6} =$ ___
© Carson Dellosa

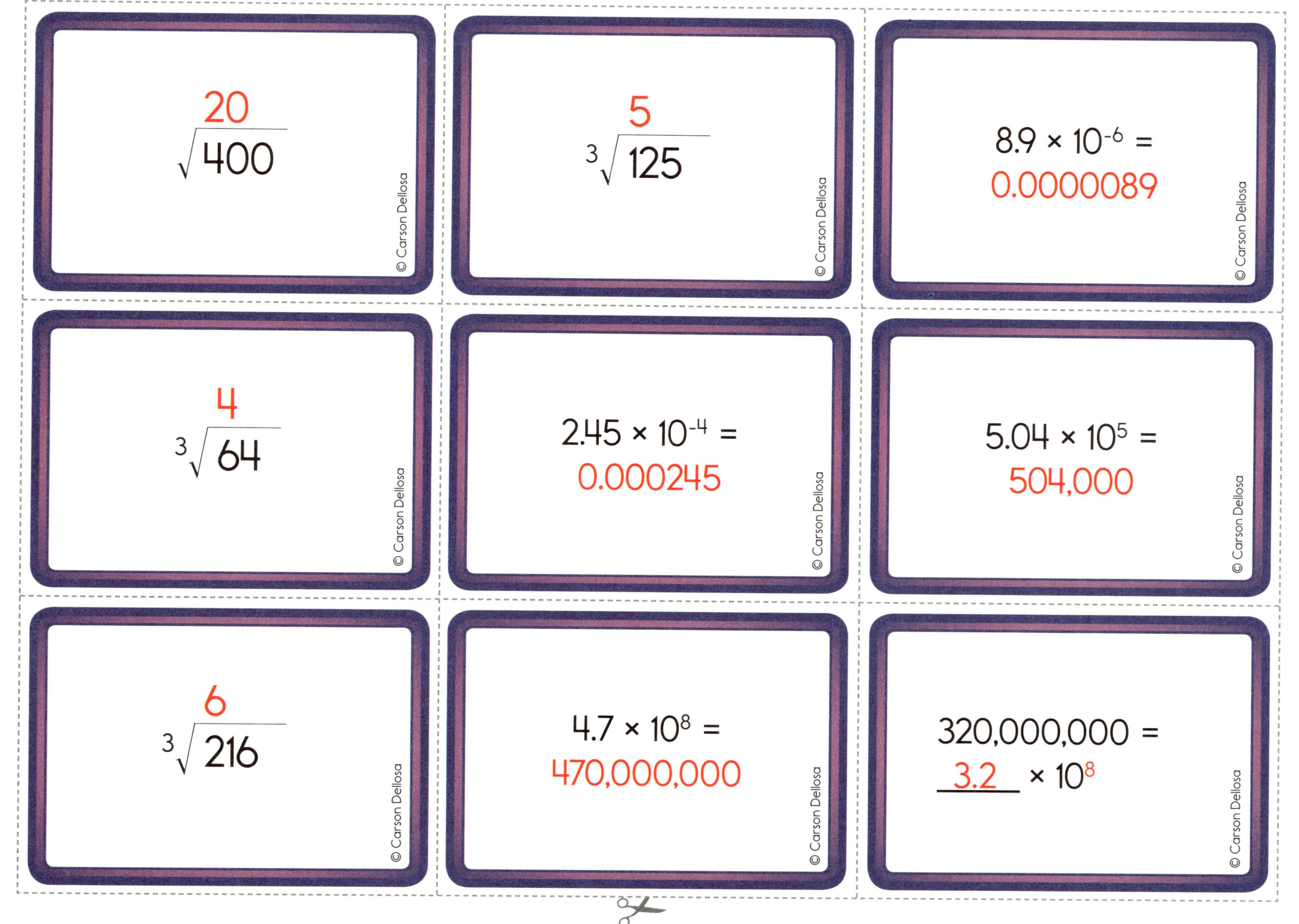

$\sqrt{400} = 20$
© Carson Dellosa
$\sqrt[3]{125} = 5$
© Carson Dellosa
$8.9 \times 10^{-6} = 0.0000089$
© Carson Dellosa
$\sqrt[3]{64} = 4$
© Carson Dellosa
$2.45 \times 10^{-4} = 0.000245$
© Carson Dellosa
$5.04 \times 10^5 = 504,000$
© Carson Dellosa
$\sqrt[3]{216} = 6$
© Carson Dellosa
$4.7 \times 10^8 = 470,000,000$
© Carson Dellosa
$320,000,000 = \underline{3.2} \times 10^8$
© Carson Dellosa

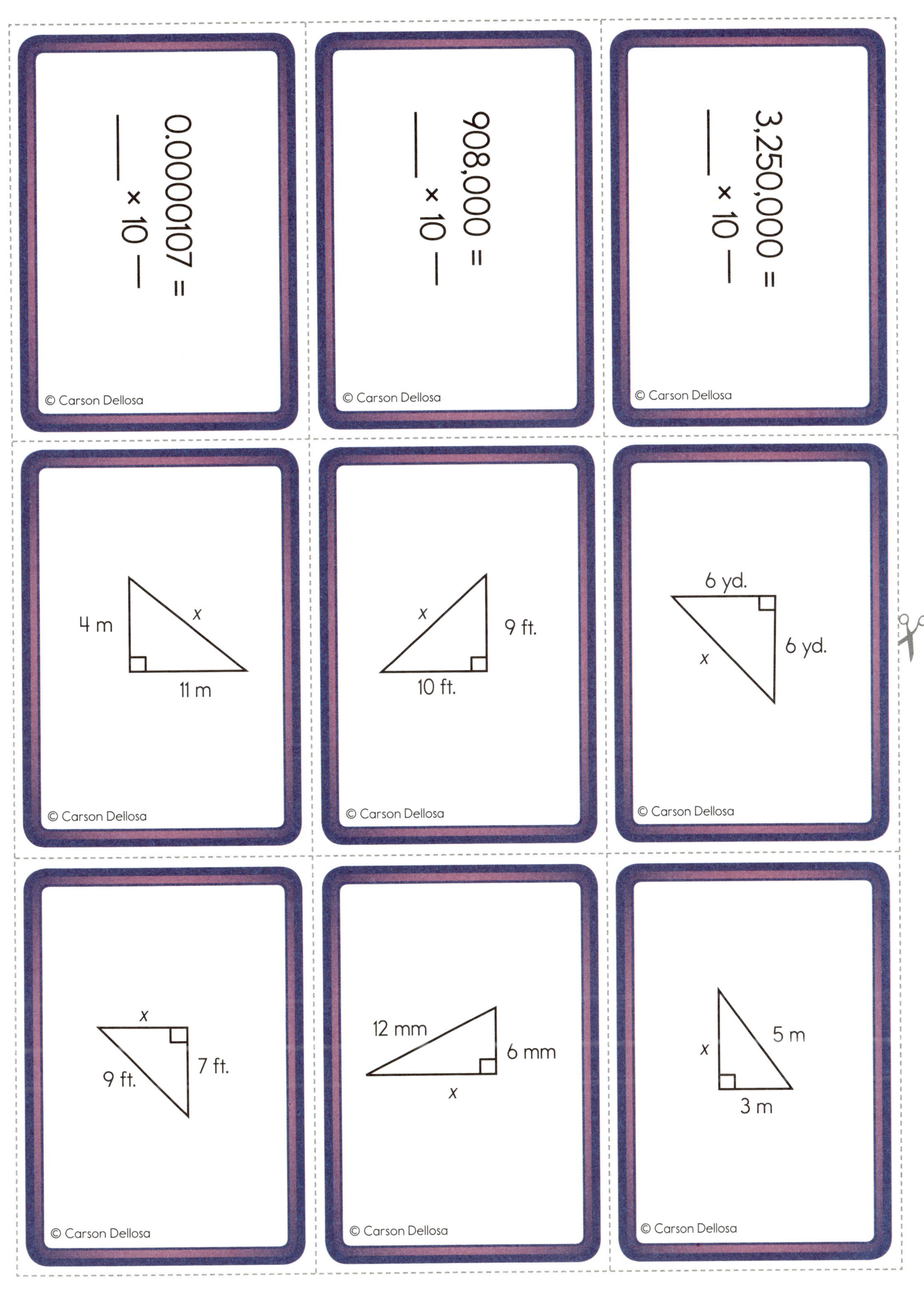
0.0000107 = ___ × 10^—
© Carson Dellosa
908,000 = ___ × 10^—
© Carson Dellosa
3,250,000 = ___ × 10^—
© Carson Dellosa
4 m
x
11 m
© Carson Dellosa
x
9 ft.
10 ft.
© Carson Dellosa
6 yd.
6 yd.
x
© Carson Dellosa
x
9 ft.
7 ft.
© Carson Dellosa
12 mm
6 mm
x
© Carson Dellosa
5 m
x
3 m
© Carson Dellosa

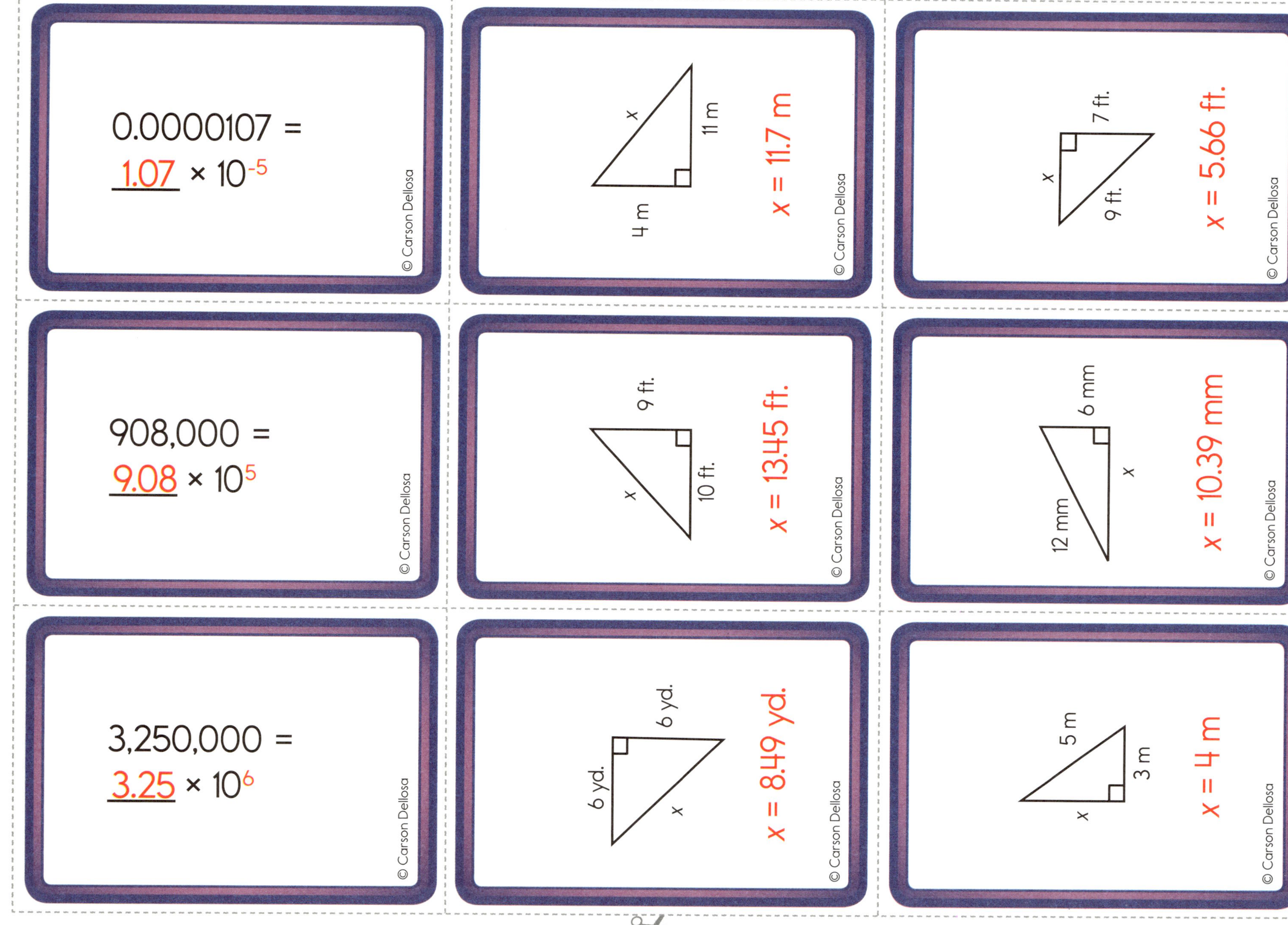

$0.0000107 = \underline{1.07} \times 10^{-5}$

© Carson Dellosa

4 m / $x$ / 11 m — $x = 11.7$ m

© Carson Dellosa

$x$ / 9 ft. / 7 ft. — $x = 5.66$ ft.

© Carson Dellosa

$908{,}000 = \underline{9.08} \times 10^{5}$

© Carson Dellosa

9 ft. / $x$ / 10 ft. — $x = 13.45$ ft.

© Carson Dellosa

12 mm / 6 mm / $x$ — $x = 10.39$ mm

© Carson Dellosa

$3{,}250{,}000 = \underline{3.25} \times 10^{6}$

© Carson Dellosa

6 yd. / 6 yd. / $x$ — $x = 8.49$ yd.

© Carson Dellosa

5 m / 3 m / $x$ — $x = 4$ m

© Carson Dellosa

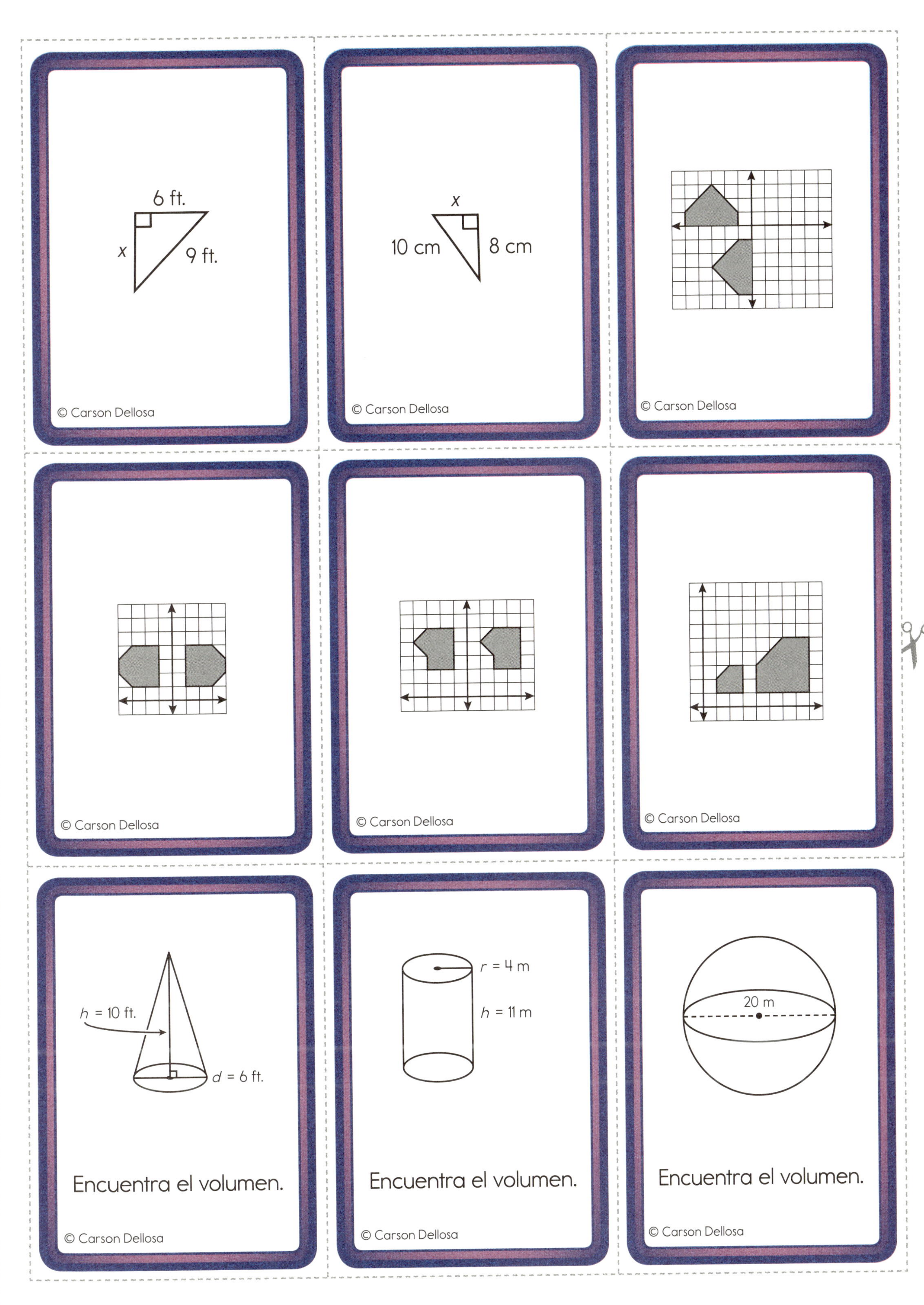

Encuentra el volumen.

Encuentra el volumen.

Encuentra el volumen.

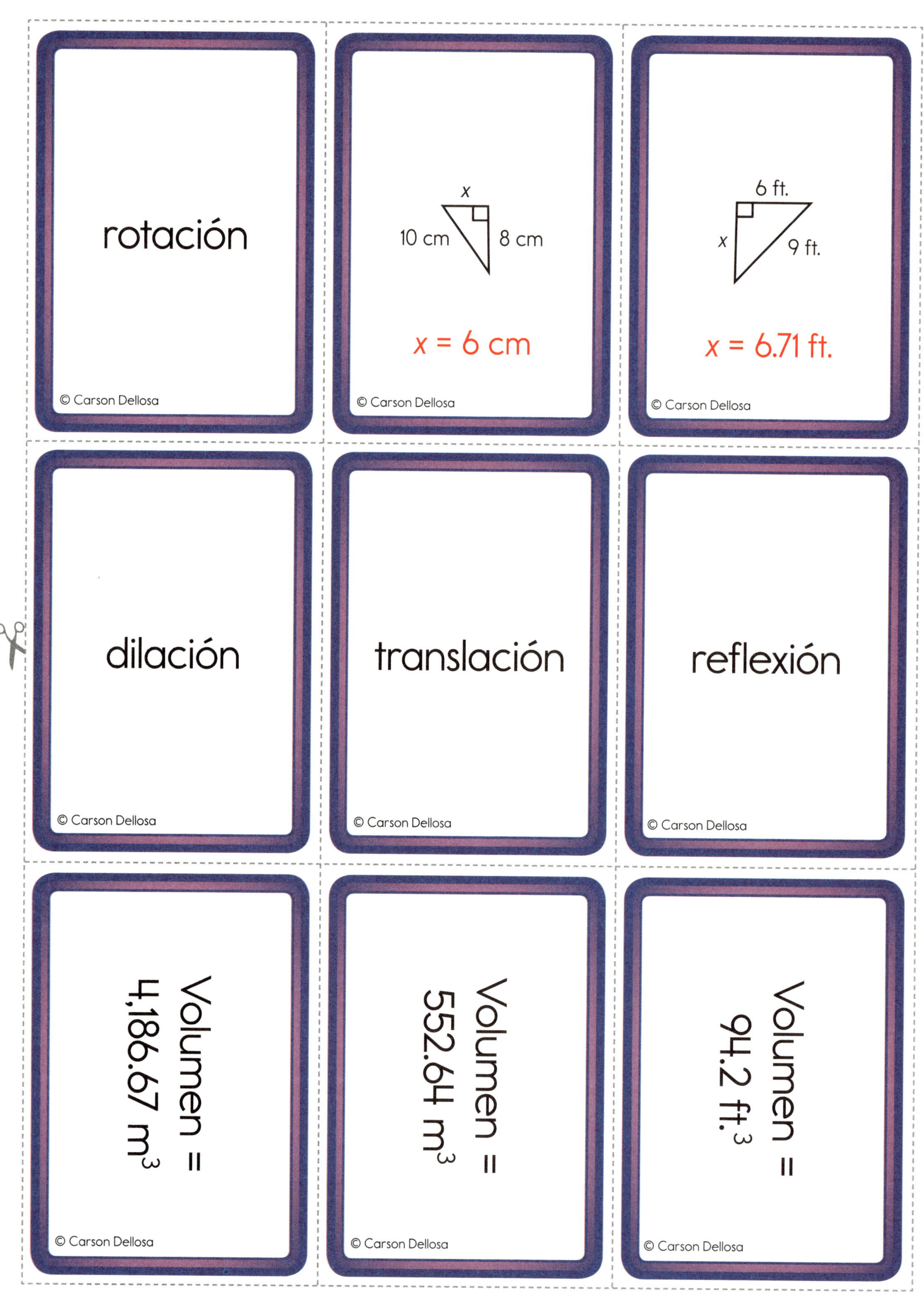

rotación

x
10 cm   8 cm

x = 6 cm

6 ft.
x   9 ft.

x = 6.71 ft.

dilación

translación

reflexión

Volumen = 4,186.67 m³

Volumen = 552.64 m³

Volumen = 94.2 ft.³

Summer Bridge
ACTIVITIES®
PARA HISPANOHABLANTES
¡Felicitaciones!
Se certifica que
Nombre
ha completado Summer Bridge Activities® para Hispanohablantes.
Firma del padre o madre